陪伴儿子的日子

——肖复兴十年教子手记

PEIBAN
ERZI
DE
RIZI

肖复兴 \ 著

首都师范大学出版社

CAPITAL NORMAL UNIVERSITY PRESS

图书在版编目（CIP）数据

陪伴儿子的日子：肖复兴十年教子手记/肖复兴著 . —北京：首都师范大学出版社，2014.10
　（与大师面对面精品丛书）
　ISBN 978-7-5656-2174-1

　Ⅰ.①陪… Ⅱ.①肖… Ⅲ.①家庭教育 Ⅳ.①G78

中国版本图书馆 CIP 数据核字（2014）第 242803 号

与大师面对面精品丛书
PEIBAN ERZI DE RIZI

陪伴儿子的日子
　　——肖复兴十年教子手记

肖复兴　著

责任编辑　于胭梅　　　　　封面设计　郭文化
责任校对　李佳艺　　　　　责任印制　何景贤
首都师范大学出版社出版发行
地　址　北京西三环北路 105 号
邮　编　100048
电　话　68418523（总编室）　68981197（发行部）
网　址　www.cnupn.com.cn
北京集惠印刷有限责任公司印刷
全国新华书店发行
版　次　2014 年 12 月第 1 版
印　次　2014 年 12 月第 1 次印刷
开　本　710mm×1000mm　　1/16
印　张　15.75
字　数　192 千
印　数　1－7000 册
定　价　29.80 元

把最重要的给孩子

　　我们都曾经为人子，为人女。也都先后为人父，为人母。在人生的旅途上，作为子女，作为父母，我们分别以不同的身份体会了人类珍贵的亲情，体会了人间之爱。可以说，没有体会过这样的亲情和爱的人生，是残缺不全的人生。

　　为人子女时我们都感受过来自父母的爱，然而常常不懂得珍惜。为人父母后，我们才真正理解父爱和母爱是怎样一种深挚执著的感情，世间的任何力量都难以改变这种感情。向世界流露、倾吐、描绘这样的感情，应该是一件美好而富有意义的事情。

　　父母给孩子的爱，应该像山间的清泉，涓涓滴滴滋润孩子的心田，使幼小的心灵长出美丽的花树。如果这爱像狂潮急浪毫无节制，那么，被淹没的将是孩子灿烂的前程。

　　父母抚养孩子，最要紧的，是要教孩子怎样做一个正直善良的人，教他们懂得爱。

赵丽宏

自 序

　　1991 年，我到上海写一个电影剧本，独自一人住在上影招待所里，住了很长时间，连圣诞节和元旦都是在那里过的。间隙时无事可干，写了一组题为"父亲手记"的短文，写的都是儿子小时候的一些事，回忆一下自己做父亲的得失体验与感觉，因浓浓的亲情缘故，和北京遥远的距离便缩短了。上海的朋友看到这一组短文，觉得不错，拿去在报纸上发表，并要求我在报纸上开设"父亲手记"一个专栏。我也自娱其乐，以"父亲手记"这样的名字，先在上海这家报纸，后又在河北一家杂志，前后写了为期一年之久的专栏。

　　这就是这本书最初的来历。那一年，儿子上小学五年级。一晃，如今儿子即将高中毕业，升入大学。日子就这样流逝，用儿子前几天向我朗诵的一位台湾诗人写的诗句说，日子是"一张被餐具咬得粗糙的方桌，一盘被筷子挑剔得精光的鱼骨头"。我和儿子一起围坐在虽然粗糙但依然结实健在的方桌旁，有那些充满着来自我们自己生命气息的日子值得回忆。我们毕竟拥有过鲜活的鱼，曾经振鳍掉尾畅游江河。

　　为了这本小书，我又新写了几篇。在 1991 年—1998 年的八年之中，也曾陆续写过不少，几乎在儿子长一岁的每一年都未曾间断。现在把它们集中在这本书里，连起一串深深浅浅却清晰亲切的脚印，儿子就是这样走过来的，就是这样随日子一起长大起来的。

就在编这本小书的时候，儿子已经被保送进北京大学。这无疑为这本小书添上让人欣慰的结尾。在这个时候，能够出版这本小书，是对儿子同时对我最好的纪念。

以写作为生命和职业，我会写许多的书，但这样写儿子的书不会多。因此，八年来，我一直很珍惜，因为我知道一个人的生命是一次性的，儿子终要长大，再美好温馨的家，也只是他起飞到更广阔天空的第一站。到那时，他会自己写自己，而且会比我写得更好，用不着我再去笨拙地记录他生命的轨迹。

如今，儿子已经长大，在他迈向大学的门槛迈向新生活之际，我将这本小书送给他，作为一个小小的礼物，希望他在以后的日子里闲暇时能够翻翻，会回忆起自己成长路上的种种幼稚可笑可气可爱与温馨，回忆起父母老师和亲人对他的爱和期待。于是，那些温暖的目光，便总停留在他的肩上，也会永远停留在这本书里。

肖复兴

目　录

我这样教孩子写作文

写你自己觉得有意思的

  让孩子扔掉拐棍自己独立写的作文，首先遇到的问题是写什么？孩子常觉得没什么可写，因此一见作文就容易皱眉头。

  "写什么呀？"每逢肖铁这样问我，我都回答："写你自己觉得最有意思的！""什么叫最有意思的呢？"他常这样问。一次，他为参加中队会，准备做一个叫"肥皂的魔力"的小试验，便在家里忙开了，不时还叫上我和他妈妈先帮忙后观战，然后觉得肯定能在中队会上一炮打响，于是，兴高采烈地上学校去了。果然，他成功了，回家后一边吃饭一边不住说中队会上的试验。于是我便对他说："这次你的试验就挺有意思的！你放着不写还用找别的事？"他一听恍然大悟。可不是挺有意思的嘛！老师和同学都夸奖了他！他正美滋滋的呢！写它，不难！

  我说："你先别忙着写，你先告诉我你这次试验当中最有意思的是什么？"他连想都不想说："本来小船扎了洞抹上肥皂水该沉底，可是，它就是死不沉底，可把我急坏了，真要是不沉底，我可露了大丑！……"我说："那你主要就写这一段，写最有意思事情中最有意思的一段，就像吃鱼要吃熘中段一样！"

  他写得挺顺。那一年，他上三年级。只是老师出的题目是《记一次中队活动》，他想既然是中队活动，除了自己的小试验，

还应该写写别人在这次中队会上表演的节目。我说这一段你要删掉，就像剥了壳才能吃鸡蛋一样，何必要把壳一起吞吃掉呢？你以为剥了壳的鸡蛋就不叫鸡蛋了吗？当然，这牵扯到剪裁问题。不过，我觉得这是好训练的，以后再细讲，关键要训练孩子懂得作文是有的可写的，就写你自己最有意思的事。这是从孩子游戏心理出发的，爱玩是孩子的天性，其中有意思的事，哪个孩子会没有呢？

❀ ［附］小船的实验

今天中队活动，老师让每个同学做一个小实验。没想到第一个就叫我到讲台前做试验。

我的小实验叫"肥皂的魔力"。我拿出早已准备好的肥皂水和用锡纸做的小船，心想在家里做了好几次，一定能成功！我把小船放进水盆，问大家："它能浮在水面上吗？"大家一起回答："能！"我又问："如果我在船底扎了许多小孔，它还能浮在水面上吗？"大家又一起回答："不能！"结果我用大头针在船底扎了许多窟窿，一实验，小船仍然浮在水面上。大家都笑了，他们错了。

最后我问大家："如果我在船底抹一层肥皂水，它还能浮在水面上吗？""不能！"这次大家说对了。可小船偏偏死不沉船，我有点着急。老师在一旁安慰我说："它得需要时间，慢慢沉下去吧？"我急出一脑门汗，只好眼巴巴等小船沉底！它却像和我斗气，还慢慢悠悠地漂。

啊！终于，水渗进了船。小船到底沉不住气了，渐渐沉了底。全班同学热烈鼓起掌来。

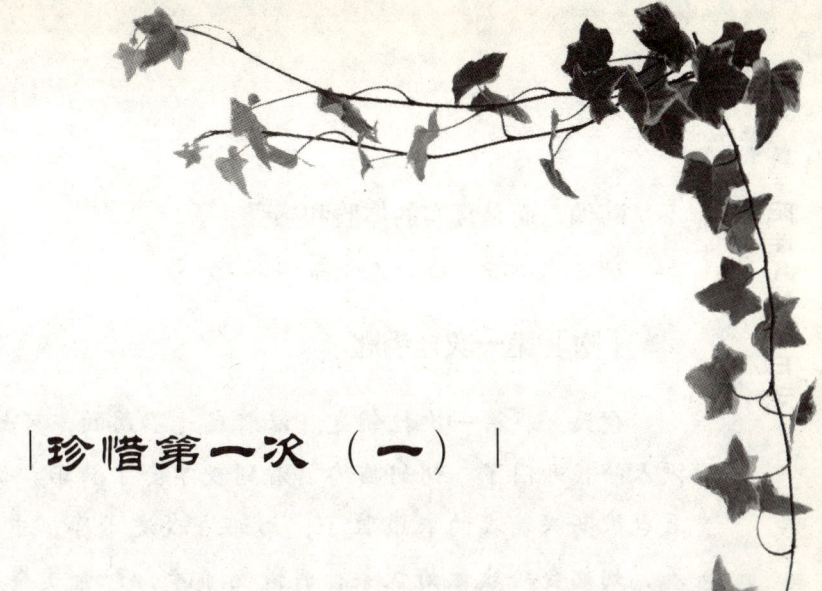

珍惜第一次（一）

人生有许多第一次：第一次学说话、第一次学走路、第一次挨揍、第一次乘飞机……第一次之所以难忘，是因为它较以后的重复是新鲜的，犹如刚刚烘烤出炉的面包带着香味。

对于孩子，更是如此。因此，让孩子抓住他人生第一次的体验来写作文，一般都会写得具体、生动。因为这些毕竟是他自己经历的，而且由于是第一次便越发触动心扉。想想我们成人自己，不也是这样吗？即使过去了很多岁月，但人生许多第一次的情景能够忘怀吗？我让肖铁常常进行这样"第一次"的训练。这样的训练，使他感到有的可写，觉得不难。

肖铁刚上四年级时，奶奶突然去世了。家里少了老人，我和他妈妈又上班，肖铁再放学回家不会有奶奶开门，他只好像许多双职工的孩子一样，脖子上挂一把钥匙。不过，他和别的孩子不一样，因为奶奶刚刚去世，那钥匙便和他对奶奶的感情交织在一起。我对他说："你这篇作文能写好，因为它不是单纯写钥匙，而是写你的感情！"

他写得不错，不仅写出了感情，而且写出挂钥匙之后微妙的心理变化。我指着作文中写心理变化的部分对他说："这段写得最好！"为什么？真切。它不靠作文入门之类的书照葫芦画瓢，

不是瞎编，而是真实的体验和感受。

别让孩子轻易放过人生难得的第一次。

❀ ［附］第一次挂钥匙

今天，我第一次挂钥匙。以前我是不用的，可奶奶去世了，没人给我开门了。奶奶临终前看到我学会了骑车，奶奶很高兴，我也很高兴。我的衣服脏了，奶奶给我洗干净；中午，家里没人，奶奶会给我做好饭菜；我做错了事，爸爸气得要打我的时候，奶奶会替我说情；每天放学回家一敲门，奶奶就会开门露出笑脸……

可是，现在永远、永远不会了。我得自己在脖子上挂钥匙进门了。

昨晚，我怕不会开门锁，偷偷拿钥匙练了一遍，发现门挺好开，心里才踏实了。今天上课时我总想：回到家干什么呢？有人来了怎么办呢？我自己怎么热饭呢？……

中午放学回家，我用手一直捂着钥匙，心咚咚跳，一直跑上楼，到了家门口，我敏捷地打开了门，这才长长松了一口气。

珍惜第一次（二）

第一次是独特的，怎么才能让孩子写出第一次感受的独特性呢？这是孩子作文成败的关键。因为常常有这样的情况，独特性看不见摸不着，只可意会不可言传。孩子会说第一次的感受确实与众不同，但又说不出如何与众不同，或者一两句话就简单说完了。

肖铁上四年级时，我从广州带回两个大椰子。他吃得挺带劲，我说："你不能白吃，得写篇作文。"他一时不知怎么写才好。我说："你首先要写具体。椰子是怎么吃的，你吃时具体的感觉什么样，就行了。"

所有的独特性都融于具体性之中。抽象地谈独特性，往往使孩子无所适从。

比如他写凿开椰壳喝椰汁时，汁没出来，一根椰毛先掉进嘴里。喝椰汁写得具体了，独特性从那一根椰毛中就充分表现出来了。

再比如吃椰肉，他写椰肉是什么颜色、吃时是什么滋味。我说这样写还不够具体，你想想你吃时说和商店里卖的椰丝的味儿不一样，我说那得晾干以后吃。当时你干什么了？他笑了："我拿起一块椰肉就跑到阳台上去晾。"我说："对呀，这也是吃椰肉的过程中的一段呀！你怎么不写呢？"他加写了这样一段，吃椰肉便比以前写得具体多了，而独特性正是从这具体描写中表现出

来的。如果没有他拿着椰肉性急地跑到阳台上去晾这天真的细节，这一段吃椰肉便一般化。

先要求孩子写具体，正如先要求孩子把手帕浸在水中，才能进一步洗干净。

[附] 第一次吃椰子

爸爸从广州回来，带回来个毛茸茸的大球。这个样子古怪的东西是什么呢？爸爸说："就是你总想吃的椰子呀！"啊！原来它就是椰子！简直像一个长着乱蓬蓬头发的怪物脑袋。我还是第一次见到它呢！

我问爸爸："它皮这么硬怎么吃呀？"爸爸说："说真的，我和你妈也是第一次吃椰子。所以我也不知道怎么吃。大家出出主意吧！"怎么吃呢？我想得先打个洞，再把里面的水倒出来就可以了。妈妈却说："你先把它身上的毛刮掉。"我觉得毛很软，一定很好刮。没想到它的毛硬得扎人，毛和皮连得也很紧，真难刮！

毛好容易刮干净了，妈妈刚要拿锤子，我抱过来说："我打洞。"可它的皮太硬了，我怎么凿也凿不动。妈妈帮我狠劲凿，刚凿了一个小洞，我马上抱过椰子，双手举起，仰起头张开嘴去喝，汁没出来，一根毛毛先掉到了我的嘴里……

椰汁真凉，有一股说不出的清香一下子跑到我的心里。喝完椰汁，我拿锤子把椰壳砸开，一层乳白色的椰肉露出来，像一层雪。我掰开一块椰肉，怎么也吃不出商店里卖的椰丝味。爸爸说："椰丝是椰肉晾干后做成的，你想吃可以试试！"我立刻拿起椰肉跑到阳台上去晾，真想一下子把它变成椰丝。爸爸妈妈都笑我性子太急了……

联想是作文的一个帮手

三年级，刚开始有作文的时候，肖铁常常问我：这个怎么写呀？那个怎么写呀？我知道，在他的眼睛里，已经有了许多想写的东西，只是不知道怎么下笔写。我就总是先表扬他：你的眼睛到处都是作文，说明你动脑子了，这真好，作文就是这样，处处存在着，只看你是不是有心人。然后，我会帮助他，怎么把他想写的东西一步步地写好。

冬天的一天，早晨刚刚起床，他发现窗户的玻璃上结满了冰花，非常新奇地看了半天，对我说，爸爸，我发现冰花真的非常奇特，但怎么把它写成作文呢？我就问他，你觉得冰花都哪儿奇特了？你能不能说出来？他眨眨眼睛，告诉我，我觉得冰花有的像一匹大白马，有的像一座冰山。我说，你说得不错，但我问你，你为什么觉得它像白马、像冰山呢？他说，我看着它的样子像呀！我说，没错，它的样子是像白马、像冰山，你就把你看到的、想到的，写出来，就已经很好了。但是，你觉得是不是显得又不大够？他说，是，那样有点儿太简单了。

他意识到了这一点，很不错。怎么让它不简单呢？

我给他出了这样一个主意：你光是看到了，还不够，看到的东西，你能不能再深一步联想一下？比如你看到了冰山，冰山后

面还有什么？你看到了白马，白马后面也可能会有什么？可以大胆地联想，你联想到了，作文也好写了。

他开始动脑筋，然后告诉我：冰山后面藏着太阳。我问他：那太阳为什么藏在后面不出来呢？他说，冰山太漂亮了，太阳不敢出来呗！我表扬他：你看你说得多好，我都没有想出来，太阳是因为冰花太漂亮而不敢出来！再想！

联想，就是这样成为了作文的一个好帮手。

❀ ［附］冰 花

早晨，我一起床就把窗帘拉开了。啊！满窗户全都结满了冰花。

温度真是一个伟大的雕刻家，风就是它的剪刀。远远地看，冰花好像连绵起伏的群山。太阳公公害羞似的躲在群山后面不出来了。走近一看，我才知道：因为冰花太漂亮了，远远胜过了太阳公公自己，所以太阳公公躲在山后面了。我仔细看了冰花半天，发现有的冰花像一匹白马，奔向远方；有的像节日里的圣诞老人，正送给我们礼物；也有的像神秘的雪山怪物，正等我们去发现……

想到这儿，我的脑海里出现了小时候看到的冰雕。冰花虽小，但只要我们去利用，就会出现奇迹。在不久的将来，可能会出现冰花书、冰花笔、冰花纸，甚至可能会有冰花食品呢……

爱好是作文的另一个帮手

要让孩子喜欢作文，做家长的有一点必须注意，一定要和孩子的爱好联系起来，千万不要只和老师的作业和分数有关。原因很简单，因为是孩子的爱好，孩子说起来总会有兴趣，避免了仅仅是作业任务式的枯燥，而且，孩子说起来也会生动，因为都是他自己喜欢的，不用他再苦思冥想，信手拈来，就能说得头头是道。

有一次，我带肖铁逛完邮票市场回家，问他：你有没有收获？他说有呀，集邮是他上小学之前就有的兴趣爱好。说起集邮来，他很有兴趣。我说：那老师要是出这么一个作文题《我的爱好》，你写你的集邮好写不好写？他说好写呀，我就写最开始怎么爱好起集邮的，到现在怎么逛集邮市场的。我说：行，你就这么写，看起来，你写得不会觉得难。

果然，他很快就写了出来，一点也没有觉得难。爱好，真的是他写作文的好帮手，爱什么，就写什么。他最初写作文的时候，这一点对他帮助很大，从自己的爱好出发，就有可写的，而且还能够写得快，写得生动，写作文便也成为了他的另一个爱好。爱好，是能够彼此传染的。

这篇作文的结尾，有这样一句："临走之前，我看见一只小

蚂蚁在地上爬，就捉住它，把它悄悄地放在一堆邮票里，我想让它也看看五颜六色的邮票世界。"他觉得有些多余，用笔把这一句又涂掉了。我问他：为什么删了呢？这一句写得多生动呀。你如果不是爱好集邮，就写不出这样生动的句子来呢。

你看，爱好，不仅能够帮助你写作文，还能够帮助你把作文写生动呢。

❀ [附] 我喜欢集邮

课外活动中，我喜欢下象棋、下军棋，也喜欢打球、画画，但我最喜欢集邮。

4 岁那年，我看到寄给爸爸的信上总有一张或两张五颜六色的小画片，就问："爸爸，这些漂亮的小画片是什么呀？能给我吗？"爸爸笑着回答："这些是邮票，如果你想要，就给你。"我挺高兴，拿起信就要把邮票撕下来。爸爸赶快拦住我的小手说："不能撕，一撕就会把邮票撕坏的。"说完，爸爸把邮票和信封泡在一盆清水里，不一会儿，邮票和信封就"分了家"。我小心翼翼地把邮票夹在一本厚厚的书里。第二天，爸爸特意给我买了一本封面画着个调皮小猫吃鱼的集邮册，从此，我就开始集邮了。

爸爸的信越来越多，我的邮票也渐渐多了起来。现在我已经有 12 本邮票了，有中国的，有外国的，还有人物和动物专题的。

有一天，爸爸要带我到邮票交换所买邮票。我早早地就催爸爸快走。到了那儿，交换所的门还没有开，我们来得太早了。天气特别热，知了拼命地叫着"热啊！热啊！"人们都躲在大树下，不让阳光晒到自己的身上。两点，门开了，我跟着大人们到了交换所里面。走廊、客厅哪儿都是人。爸爸仔细地看着邮票，我也仔细地看着，看着那一张张五彩缤纷的邮票，我一下子忘记了天气炎热。我最喜欢动物邮票，它们把我带到了高山、海洋、草原一个个动物的天地。

忽然，我看到一套外国的贝壳邮票，很新鲜、别致。于是，我问卖邮票的那位叔叔："叔叔，这套邮票是哪国出的呀?"那个人看看我，轻蔑地摆摆手说："这套邮票你买不起!"我挺不高兴，心想：我最讨厌这种看不起人的人，再说集邮又不是为了钱! 集邮应该是为了给人们增加知识，增进友谊。这种人根本不懂集邮! 我不理睬他，仔细看另一位叔叔的鸟类邮票，看得正入迷，爸爸催我回家，我真有些依依不舍。临走之前，我看见一只小蚂蚁在地上爬，就捉住它，把它悄悄地放在一堆邮票里，我想让它也看看五颜六色的邮票世界。

小动物是作文的又一个帮手

没有一个孩子不喜欢小动物，就像没有一条鱼是水的天敌一样。孩子在和比他还要弱小的小动物的接触过程中，常常能够表现出一个孩子对世界的另一种态度。这样的时候，特别是作为独生子女的孩子，在小动物面前，和在家长面前表现出来的心理是不一样的。从作文的角度来看，这恰恰能够表现出孩子最为纯真和独特的一面，而这恰恰是写好作文的重要方面。

只是孩子还小，他不会想那么多，做家长的，如果稍加留意，也许，就能够帮助孩子的作文写得生动而有特色，而且不用费太多的气力，常常比耳提面命的效果要好。

肖铁小时候，特别喜欢养小动物，我家的阳台快成了他小小的动物园了。肖铁五年级的时候养了一只小鸡，对它关心备至，简直和它成了好朋友，交流得十分顺畅。《小鸡黄黄》就是这样写出来的。他写得并不费力，你看他写它吃蜻蜓的样子，想先吃小的，大的飞了，去追大的，小的又跑了，写得多生动。他写它吃完了蜻蜓，还想吃，"我伸出手表示没有了，它还不信，跑到我的身后，发现那里还有一只，便大声叫"。写得多有意思，虽都是白描，却活灵活现。如果他不是真的和小鸡黄黄有过这样真切的交流，怎么能够写得出来呢？

作文从本质而言，写的就应该是这样的情感交流，从某种角度说，没有情感，没有交流，作文就无从写起。作为孩子，在最开始写作文的时候，写与小动物的交流，要比写和人的交流容易得多。因为，在与小动物交流的时候，他是个大人，他会把更多的爱心、耐心和细心，给予小动物，而这一切便容易成为作文最重要的因素，让笔和心一下子缩短了距离。

❀ [附] 小鸡黄黄

我家有一只小鸡，尖尖的小嘴白白的，亮亮的眼睛黑黑的，两只小爪红红的。因为它全身羽毛金黄，所以我管它叫黄黄。

黄黄跟我可好了。每当清早我去上学时，它就跟在我身后蹦来跳去，依依不舍。我把它抱回好几次，它才不情愿地跑回家。而每次我放学刚刚推开门，它就跑过来，绕我转圈子，还叽叽叽地叫呢。

黄黄最爱吃活虫，什么蝗虫、蚱蜢、青虫，就连蜈蚣它也吃。一天下午，我逮了几只活蜻蜓。一到家我就拿着蜻蜓玩，这时脚底下传来叽叽的叫声，原来是黄黄。哦，对了，它还没吃晚饭呢。我把蜻蜓全放在它面前，它想先吃那只小的，可那只大的却飞了，它去捉那只大的，小的又跑了。它没办法了，就望着我叽叽地叫。我只好一只只地喂它，不一会儿，它就吃完了。它又望着我，我伸出手表示没有了，它还不信，跑到我的身后，发现那里还有一只，便大声叫。我心想：你可真是一只小馋鸡。它把这只吃完了，就跑到床下休息了。不一会儿，我发现它身边有几对蜻蜓翅膀，这个小馋鬼还挺挑剔！

黄黄吃得多，拉得也多，我总把它拉的鸡屎扫到簸箕里，它就在我旁边看着。过了几天，我发现哪儿都没有鸡屎了，心里很奇怪，后来我看到鸡屎全都跑到簸箕里了。正巧黄黄又跑来了，蹦到簸箕上去拉屎。啊！你可真是一只机灵、懂事的小鸡。

动物园的老师

　　没有几个孩子不愿意去动物园玩的。肖铁不知去过多少次动物园了，可是要他写写动物园，他反倒觉得没什么可写的。为什么呢？去的次数多了，很容易熟视无睹，变成只是去看热闹。这是孩子常犯的毛病。没关系，再带他去一次动物园。这一回，要把玩和作文联系起来，要他用眼睛和心去看，去观察。

　　我对肖铁说："这次你只要注意两三种你最喜欢的动物就行，回家得写出来！"

　　孩子写作文，反复是常有的。只是要从反复中悟出道理，要学会从习惯的事物中发现些什么。

　　一边逛动物园，我一边要肖铁讲哪种动物最有趣。他先说树袋熊。我问为什么？他说一只睡懒觉，一只在散步，挺有趣。他特别想看看它们的口袋，可惜树袋熊有长长的毛，把口袋掩藏起来了。他又说马来貘和中美貘也有趣，它们颜色、体形都不一样，隔着那么远却相处友好，还挺亲密。他又说孔雀也有趣，那么多人逗它开屏它就是不开，大概这儿不是孔雀的故乡吧？他最后来到猩猩馆指着猩猩的厨房对我说："这儿更有趣，猩猩吃得比人还好呢，我都馋了呢！"

　　看！动物园里有多少老师啊，它们不都在帮他写作文吗！肖铁说得都不错，观察出特点，融入自己的感想了。如果每次来动物园或到别的什么地方都能这样有心，便可以避免熟视无睹的毛病。任何好作文都不是拿到题目现想出来的。要想写好作文，就必须时时常常做有心人，比别人多一双眼睛和一颗心。重游动物园，便给了我们这个启示。

❀ [附] 动物园散记

动物园里新搬进来一对住户：马来貘和中美貘。它俩同住一个笼，都走到笼门口，呼吸新鲜空气。马来貘的身体黑白相间，小巧玲珑，鼻子很像大象的鼻子，只是比象鼻子小多了。中美貘全身灰色，鼻子很短，显得笨重得很。它们都来自热带森林，一个是从马来西亚来的，一个是从美洲中部来的。它们隔着千山万水，却很友爱，有时还嘴贴对方的耳朵，可能在说着悄悄话。

孔雀是动物园的老住户，一堆人围着它们，有人挥舞鲜艳的头巾，有人挥舞漂亮的手帕，几十双眼睛盯着它，口中不住大声叫唤，都盼望着孔雀快一点开屏。这时，孔雀那五彩洒金的大尾巴动了动，我和大家都屏息瞪大眼睛，可孔雀又不动了。我想这里不是它的故乡，没有田野、森林，也没有明净清洁的空气，它怎么会开屏呢？

最吸引我的是猩猩馆，我发现了猩猩的厨房。这里有苹果、香蕉、哈密瓜、蜂蜜……冰柜里还有许多东西，我看不清，便趴到窗台上去望，嘿！原来是猩猩最爱吃的新鲜野果子！我风趣地说："如果我像猩猩那样过一天也挺不错！"爸爸说："那你就得关起来！"对呀，人不能像动物那样被关起来，人活着要有意义，不是被观赏的。

模仿是必要的

肖铁上二三年级时，我要他抄过泰戈尔《新月集》里的一些篇章，其中《商人》一篇，我让肖铁背诵过。孩子的记忆力极好，吸收能力也很强。因此，要求孩子小时候背诵一些适合他们口味的篇章，我觉得是十分必要的。这往往是他们长大成人后的文学基础。泰戈尔的《新月集》和《飞鸟集》曾是肖铁的必修课。

肖铁上三年级的那年冬天，我从上海出差归来，给他带回一些东西，他很高兴，我和他妈妈便问："假如你出差回来，会给我们带些什么呢？"他想了想，说了一大通，我说你讲得不错，可以写篇作文。那时，他刚刚背会了泰戈尔的《商人》不久，作文很明显是模仿《商人》的。比如泰戈尔写道："爸爸呢，我要带一支有魔力的笔给他，他还没有觉得，笔就写出字来了。"肖铁这样写："给爸爸一支有魔力的笔，因为爸爸天天写文章，太累了。"但我依然鼓励了他。这样模仿有什么不好呢？这就像孩子写大字临帖、描红一样，是必要的基本功训练。

关键是我们大人要帮助孩子找到适合他们口味又益于他们吸收的短小篇章，让孩子觉得学有榜样，而且能立竿见影，这样他们才有兴味。同时，也要帮助他们由此及彼，从中学习变换一些写法，写自己的想法和语言。比如泰戈尔《商人》中有一段要带妈妈"渡海到珍珠岛去"，描写了珍珠岛在清晨的曙光里的景色。肖铁作文中有一段写要为大家买一幢别墅。我说仅仅这样写就不美，你看泰戈尔描写珍珠岛风光多美啊："那个地方，在清晨的曙光里，珠子在草地的野花上颤动，珠子落在绿草上，珠子被汹狂的海浪一大把一大把地撒在沙滩上。"你也要这样描写一下你买的这幢别墅周围的风光。他便模仿泰戈尔的描写，糅进自己的想法，这一段描写显然比只有"买了一幢别幢"一句话要进步多了。

模仿是学作文必须经过的一级台阶。

❀ ［附］假如我出差回来

昨天，爸爸从上海出差回来，给我带了许多玩具、糖和衣服。今天，爸爸、妈妈问我："假如你出差回来，会给大家带些什么？"

我想了想，说："假如我出差回来，我给妈妈买一个有喜字的超级奶油蛋糕，因为明天就是妈妈的生日；我给爸爸买一支有魔力的笔，因为爸爸天天写文章，太累了；我给我自己买一本宝书，一按电钮就可以自动翻到我要找的那一页；再给全家买上一幢别墅……"

爸爸问："为什么要买别墅呢？""因为住在这里太挤了。住在别墅那儿，夏天，我们可以乘凉；冬天，大地铺上了银色的地毯；秋天，红色的枫叶像燃烧的火焰；春天，百花盛开，争奇斗艳，有白的、黄的、紫的，还有红的，别墅周围像花园一样美丽。我要让奶奶到这里呼吸新鲜空气，我和树林里的小动物们尽情玩耍。"

"我还要买回一种仙草，谁有病，只要轻轻一闻，他的病马上就好了。"

他们听完都笑了。

想象力从哪里来

一天醒来，天上飘起雪花，睁眼一看，窗上结满冰花。那时，肖铁上三年级。他趴在窗上睁大一双惊异的眼睛看窗花。"爸，你看像一匹大白马！"他冲我叫道，像发现了奇迹。我指着窗花问："你看还像什么？""像雪山怪！""还像什么？""像圣诞老人拖着雪橇给我们送礼物……"

这就是想象。孩子的想象力一般比成人都强，而且会充满童真。因为孩子都喜欢童话，而童话正是对比现实而呈现出的一个想象中的世界。只要我们能从孩子这种喜好的心理出发，以一双童话的眼睛看待周围的生活，便会启发孩子。想象力原来并不是凭空瞎想，而是你平常读过的童话、看过的事物，与眼前的事情的交织。孩子本来就容易将幻想与现实混淆起来，这种想象对于他们一定很有乐趣。

那年冬天，我带着肖铁到北海公园看冰灯。我指着"狗熊打鼓"的冰灯问："你能想象出什么？"他说："都说狗熊笨，我看它一点不笨，它打的鼓声多清脆、欢快！"我指着"小猪吹号"的冰雕问："你能想象出什么？""它吹的是魔号，要什么有什么！"我接着问："你说具体点，要什么呢？""没准能从里面吹出九齿钉耙来呢！"我又指着"小鹿拉琴"的冰雕问同样的问题，他先说："那琴一定是水晶做的。"我说这不够，你还能想得更丰富大胆点吗？他想想不知从何想起。我说："不见得是小鹿拉琴，小鹿干别的也行，这样想象的余地宽些。"他说："它再不会怕老虎，会用犄角赶走它们……""你能再与小鹿拉琴联系上吗？它赶走老虎，胜利啦！你说它拉的是什么曲子呀？""胜利进行曲！"

养成习惯，一件事情能够如扔进石头的水池子，荡起一圈圈涟漪，想象出一层层新天地，最开始当然需要大人帮助。这种帮助要从孩子的心理特点出发。这种心理特点的基点便是童话。

❀ [附] 北海冰灯

北海公园成了冰灯的世界。我第一个看到的冰灯是"狗熊打鼓"，大狗熊像一个演奏师使劲打着用牛皮做的鼓。人们都说狗熊笨，笨狗熊怎么能打这么好听的鼓呢？不信你看它打的鼓是多么清脆、多么欢快！"鹿拉小提琴"的冰雕也很好玩。小鹿像个音乐家拉着水晶做的小提琴。看到它，我就想起它的伙伴你顶我、我顶你玩耍的情景。如果碰见狮子、老虎，它们也不会害怕了，它们会用犄角把狮子、老虎赶走，小鹿正演奏着胜利进行曲呢！

最有趣的是"小猪吹号"的冰灯，小猪腆着大肚子，吹起号还挺费力。我想它是《西游记》里的那个猪八戒吧？它吹的号一定是魔号吧？想要什么就有什么，没准能从里面吹出九齿钉耙来呢！

临出门看见冰滑梯，我坐在上面滑下去，风从耳边擦过，我就像一架喷气飞机往下冲，小鹿、小猪、狗熊的冰灯一个个都在我的下面眨着眼睛，没准以为我是从哪个星球飞下来的外星人，要和它们一起玩耍呢，它们又吹又拉又打鼓，多热闹……

观察力的培养

　　观察力强不强是作文能否写得好的重要因素。孩子一般贪玩，看什么容易囫囵吞枣。事后问看见了吗？看见了。看见什么了？回答不上来。

　　肖铁从小喜欢动植物。一次晚饭后到街心公园里散步。我问他："你能从这里找出五种不同的树叶来吗？"他挺有兴趣，连跑带颠找来了五种树叶。我问："你说说它们不同在哪里？"他挺好强地回答："杨树叶巴掌形，松树叶针形，柳树叶像眉毛，银杏叶子像扇子，枫叶像五角星。"我指着一株合欢树问他："你知道它的叶子现在和白天有什么不同吗？"他摇摇头。我告诉他合欢叶子晚上闭合白天张开。第二天白天，他拉着我又跑到公园里来看个究竟，一看合欢叶子，果然同昨晚不一样，一片片张开着舒展着……

　　从玩中学观察，从孩子最喜爱的事物中学观察，孩子往往会瞪大一双好奇的眼睛，效果容易事半功倍。从那以后一到公园，肖铁便不再用大人说，自己格外仔细观察树叶。四年级春游，老师带他们去香山植物园，正中他的下怀，回来写作文他便不发愁。看看他写的七叶葵、九里香、一叶兰、鸳鸯茉莉、仙人球的叶子，就可以知道他是经过仔细观察了。这种观察不仅不是负担，还给了他乐趣，他有乐趣便会有收效。

后来有一次饭后散步，他忽然指着一棵大树问我："你说它是什么树？"我说是榆树。他说："不对，是臭椿。"为了证实，他特意跑到树旁摘下一片叶子闻了闻，肯定地说："没错，是臭椿！""为什么？"我问。他得意洋洋地告诉我："一闻味，臭；二看叶，臭椿叶大而长，榆树叶小；三看树干，臭椿树干细而光滑，榆树粗糙；四还可以看种子……"

现在，他可以考我的观察力了。

❀ ［附］香山植物园参观记

香山植物园是一片树的海洋，花的海洋。每一种树和花都离不开叶子，每一片叶子都不相同。千奇百怪的叶子最吸引我。

红背桂的叶子很普通，但你低头细看会看见它叶背是红红的。七叶葵的叶子像只手，只是人手有五个手指头，它却有七片叶子。九里香的叶子小但很香，真能飘到九里以外的地方。一叶兰不像兰花叶很窄，而是很宽，有意思的是它大多数叶子长得很矮，从里面只长出一片长长的叶子冲向天空，好像要去摘太阳。鸳鸯茉莉像鸳鸯一样，两片叶子中开两朵花，一朵白一朵蓝，紧紧挨在一起．那么友好……

我最喜欢仙人球和仙人鞭的叶子，特别厚，上面长着许多小刺。它们生长在干旱的沙漠，这样的叶子可以保持水分。别看叶子不好看，开出的花真漂亮，像扶桑一样。每个大仙人球上面长好几个小球，小球的颜色不同，像节日的彩灯。它们可都是刺头，你要惹了它们，它们可不饶你。生长在沙漠里的仙人鞭有两人多高，这里的仙人鞭又矮又小，我想它们一定不喜欢这个大城市，想回到沙漠去，虽然那里很艰苦，但它们会长得很高……

写人写什么

孩子写作文，主要是写人、记事、议论几类。写人，往往会遇到《一个助人为乐的人》、《一个关心我的人》、《我的爸爸》、《我的同学》之类的题目。这一次，老师要求写《我真感谢他》，显然是要通过一件具体的事来写一个人。

写人写什么最主要？外貌？行动？还是这个人所做的一件最主要的事情？

肖铁选择了在大连遇到的一位司机叔叔。肖铁一直梦想参观大连自然博物馆，由于其他人无法带他去，偏偏这位叔叔看出了他的心思，牺牲了中午休息时间，带他跑到自然博物馆里，使他如愿以偿。这件事，这个人，都很符合作文的要求。他的选材很好。

如何写好这位叔叔呢？他写了叔叔的外貌："小圆脸，个子不高，一笑起来像个娃娃。"我说这不是重要的。他也写了叔叔领他参观时热情的讲解，我说这也是很一般化的。

那么，什么是最主要的呢？

我说："最主要的是他能理解你的心，知道你希望参观自然博物馆，就不顾多累也带你去了。这种童心，这种热心，你如果再能用一两个具体生动的细节说明，这位叔叔就活起来了。"

他想出两个细节：一是看猫鲨时看不见，叔叔一把抱起他，让他骑到自己的脖子上看，还说当初抱他儿子就这么看的，如今他都老了。二是回来时坐在有轨电车上，叔叔累得睡着了。

我说："好，后一个细节尤其好。这比外貌描写，比他如何给你讲解都重要。因为从中可以看出他的一颗心。"

写人切忌只写外貌，写他干过什么事，这样很容易干巴。要使人物有血有肉，就要写出人物的感情和内心。感情和内心往往不如外貌和事情那样一眼就可以看出来，这就需要细节。一个生动的细节，足以抵得上一大堆无用的废话和一串啰啰唆唆的杂事。

古人说：丹青难写是精神。这人物的精神靠什么来写？细节。

❀ ［附］我真感谢他

久闻大连自然博物馆的大名，它是全东北地区最大的自然博物馆，其中的恐龙骨架是亚洲第一。我早盼望着去看看，正巧，暑假里爸爸到大连开会，也带我去玩玩。去了一个多星期，不知请求了多少次，因为种种原因还是没有去成。

临走那天，中午吃过饭，我找到和爸爸一起开会的叔叔阿姨，刚要说："能不能带我去……"又马上闭上嘴。我想大家开了这么多天的会一定累了，而且下午就要回北京，还要开会总结，收拾东西……事一定很多。看来去自然博物馆没戏了。

这时，司机姜叔叔好像看出了我的心思，说："走！我带你去！"姜叔叔是大连人，一口浓重的东北口音，小圆脸，个子不高，一笑起来像个娃娃。

姜叔叔带我坐上有轨电车，叮叮当当，来到了一座雪白的俄

式建筑前，这就是我梦想的大连自然博物馆。姜叔叔一边带我游览，一边给我讲解："这是蝴蝶鱼，那是大马哈鱼……"我真是没想到，他懂得这么多。

走进鲨鱼馆，他告诉我这里有一只猫鲨。我早知道猫鲨以狡猾著称，在水中能像一块木头引诱鸟儿落下来并吃掉它。可猫鲨陈列在柜的最顶头，我伸长脖子也看不见。姜叔叔一把抱起我，使劲往上一托，我就骑在了姜叔叔的脖子上了。这下我看得比谁都清楚：长长的剪子似的尾巴，两只小眼睛透着凶光……姜叔叔把我放下后，笑着说："以前，我老这么驮着我儿子来看这个怪物呢！如今，儿子长大了，没想到今天驮你又过了过瘾！"他笑得那么舒畅。

走出博物馆，跳上有轨电车，叮叮当当往回赶。刚过一会儿，我发现姜叔叔坐在椅子上，头倚在窗前竟睡着了。他太累了！我真不知道说什么，我真得谢谢他……

日子的回忆

日子的回忆

　　我常说：儿子是随日子一起长大的。儿子的成长，其实是由一天一天的日子所组成，就像是一瓶葡萄酒是一天一天将葡萄发酵后由一滴滴液体灌满的一样。回忆起儿子成长的路程或情景，就是在回忆一天天过去的日子。

　　无论哪一个做父母的，自从有了孩子，其日子就是由孩子所充实所涨满的。

　　像所有的父母一样，孩子小时候，是我最欢乐的时候。那时，孩子是我们做父母的玩具，像是一块橡皮泥，可以任我们去捏，去摆布，去把握，似乎我们可以随心所欲把这块橡皮泥捏成我们想象中的任何样子。我们忘记了这只是我们想象的样子。做父母的想象力这时候最丰富，我们肆意地将这种想象力尽情挥洒。再不听话的孩子这时候也比以后任何时候要听话得多，孩子这时言听计从笔管条直的假象，常常让我们做父母的自我感觉良好，而且自以为可以将这种想象力不断膨胀。

　　孩子打破父母这种膨胀的想象力，一般是在他们刚刚上初中的时候，这时是他们青春期的开始。这时，他们的生理和心理随身体各部位的急速发展而急剧地变化，变化的速度往往让我们忽略，而当我们真正意识到时又会让我们瞠目结舌。这时，他们最

大的表现一是逆反心理，一是反抗权威，前者是孩子内心的依据，后者是孩子突出的表现，而他们反抗的第一个权威就是他们的父母。

他们不再是一块橡皮泥，而像是长满刺的豪猪。

我的儿子小铁长成一头豪猪，是他上初中二年级的时候。

达到顶峰，大概是在那一年的暑假。刚刚放假的第一天上午，赶巧，我在家里趴在电脑前打稿子。因为放假，他睡了个懒觉，起来得稍晚些，爬起来，擦了把脸，就把电视打开了。我没有说话，但皱起了眉。做父母的，一般都会认为电视是孩子天然的敌人，诱惑着孩子跑出既定的轨道。电视是条大灰狼，做父母的害怕它敲孩子的房门。

过了老半天，电视在哇里哇啦地响着。我在这房间里打电脑，他在那房间里看电视，暂时相安无事。其实，我和他谁心里都是麻秆打狼——两头怕。他是怕我不让他看电视，我是怕直杆杆地说不让他看电视，他会不接受，弄不好再吵起来效果不好。

以往每个假期的第一天都是先订假期计划的。我并不反对他玩，但要有个计划，该玩时玩，该学时学。要抓紧时间，几乎是从他开始上学以后我对他说的口头禅。莫非从这个假期开始就该破破这个规律了，先玩后订计划？

双方都在运气，都在试探，都在揣摩对方……

拉锯战在进行，不动声色，却暗含战机。房间静悄悄的，电视里的声音显得格外刺耳。

我在心里对自己说，好不容易放假了，孩子考得又不错，应该让孩子玩玩，放松放松，看会儿电视就看会儿，千万别干涉他太多，千万别不冷静……

虽然是在这样自己说服着自己，心里的火苗还是在一个劲地噜噜地往上冒。我离开电脑，走进他的房间，看了看他在看什么电视，是个很没劲的老掉牙的电影，这样臭的电影也看吗？我想对他说的，但还是忍住了，把已经提到了嗓子眼的话又咽进肚里。我只是看了看他，他没理我，眼光只盯在电视上。我走出房间，心里在骂着儿子，也在骂着电视，同时宽慰着自己，也许一会儿，儿子自己就会觉得没劲了，自觉把电视关掉。

我没有注意儿子，或者说当时忽略了儿子的心理的起伏跌宕，没有把握住儿子的脉。其实，虽然看着电视，他的心里也不平静。爸爸的脸色不大好看，又一个大活人跑进房间里什么话没说就走了，他当然明白我的意思。虽然没有一句台词，潜台词却丰富，比电视里演得要激烈得多。

后来，我曾想如果我再坚持一会儿，什么事也就没有了。做父亲的形象，在儿子的心中也会因此有些变化。但做父母的有时往往比孩子还要沉不住气，脑子里似乎只有一根弦绷得紧紧的，那就是学习。做父母的永远希望把孩子的学习放在第一位，把孩子和孩子的学习一起像关进笼子里的鸟一样，牢牢地把握在自己的手里，方才放心。

我到底是沉不住气，还是跑进他的房间。其实只对他说了一句："小铁，抓紧时间……"

没想到这句能磨出趼子的老话，像是点燃一支爆竹的火捻，立刻让儿子爆炸，反唇相讥："我就知道您就得说这句话！抓紧时间，抓紧时间，我怎么没抓紧时间了？"

我也有些发火："你这叫抓紧时间吗？一起来就看电视？刚放假第一天就这样叫作抓紧时间吗？再说，这破电视有什么好看的，不是浪费时间又是什么？"

他也越发地急了："破电视怎么了？我就爱看这破电视！放

31

假头一天，你就这样，我就知道您会不让我看电视，我偏看，偏看……"

我的火就这样被蹿大了起来："你偏看，我偏不让你看!"一气之下，我把电视关掉了。

没想到，他的屁股底下像按了弹簧，立刻把他弹了起来，二话没说，腾腾地跑到我的房间，我的思想还没转过弯来，他已经一报还一报，"啪!"把我的电脑也给关掉了。

"我还没存盘呢!"一上午的电脑白打了。

他根本不管我的大声叫唤。电视和电脑的屏幕都黑乎乎一片，房间里，什么声音也没有了，安静得能听见我和他相互粗粗的喘气声。

事后，小铁告诉我："我一边看电视一边心里直打鼓，就怕您过来说这句'抓紧时间'。果然您还是过来说了! 其实，我就是想看看您到底说不说这句话。您不说，我看完电视也会抓紧时间的。您说我什么时候没抓紧时间过? 干吗我都长大了，还要听你砸姜捣蒜一样没完没了的教导?"

做父母的，哪一个不爱砸姜捣蒜一样的唠叨呢? 哪一个不是觉得这样的唠叨是千里扛猪草——全为（喂）了孩子，是对孩子的一种爱和关心呢? 有谁能意识到这种唠叨，其实是做父母的一种老化的常见病呢? 这种病同孩子不抓紧时间一样难治，一样自己并不认为是一种病。

以前，我常说儿子随日子一起长大。其实，做父母的一样随日子一起成熟。在带孩子长大的同时，做父母的才多少变得聪明一些。在回忆孩子那些可爱或可笑或爱恨交加的日子时，其实也在回忆做父母的那些同样交织着磕磕碰碰、沟沟坎坎、闪失与过错、理解与交融的日子。那些日子里，有孩子的成长，也有做父母的心血和省悟、调整和学习。回忆那些日子，做父母的和孩子一起长大了一番。

　　有时我会想，如果孩子能从小再长一次，我能重新再做一次父亲，也许，我会做得聪明些、更好些。可惜，人的生命是一次性的，孩子的成长是一次性的，而我们现在的孩子都是独生子女，命运已经不再给我们第二次机会。回忆起那些逝去的日子，我的心里常泛起无可追悔的怅惘。

1998 年 5 月 1 日于北京

外面的世界

在父母的眼里，外面的世界总是充满着无奈。但对于一个孩子，外面的世界却总是很精彩。做父母的，会告诉孩子外面的世界很危险，有勾引小红帽的狼外婆，走的路也不总是安全的斑马线。孩子却觉得外面的世界充满缤纷的童话，而那些危险都是父母人为的夸张和多余的担忧。

对于外面的世界，父母和孩子的认识与态度，就是这样悬殊，难以调和。父母拦腰筑起一道大坝，总希望把孩子关在家中和校园里，滴水不漏。孩子却渴望变成一只鸟儿，飞出哪怕再温馨的家和美好的校园，去亲自感受一下外面的世界。

做父母的常常爱和孩子进行这样的拔河赛。你不让出去，我偏要出去！

小铁以前要到外面去，无论是到公园，还是到美术馆，或是去书店（这是他最爱去的地方），一般总是爱和我和他妈妈一起去，即使要和同学一起去，也要事先征求我们的意见，我们如果不同意，他也就不再坚持。他算是个懂事听话的孩子。

刚上高一那一年的秋天，是个星期六，下午放学回家，他说他和同学明天要到香山去玩。我告诉他天气预报说明天有雨，而且是中雨，你还是别去香山了吧！他一摇头说："那不行，我都和同学说好的了!"我知道他就是这个拧脾气,心想等明天天下起大雨来,他就踏实了,自己就会主动不去香山。

晚上,天就灵验地下起雨来,噼噼啪啪的雨点打在玻璃窗上,声响很大。他望望窗外,我望望他,谁也没有说话。这时电话铃响了起来,是他的同学打来的电话,问他下雨了,明天还去不去香山?那时,他刚当上他们班的班长,活动是他头一次组织,他果断地告诉人家:"当然去,都和那么多同学讲了嘛!"那个同学说:"好,咱们就还是明天一清早准时在动物园碰头!"

放下话筒,他看了我一眼,没说什么,回到他的房间写作业。

雨越下越大,天气预报很准,看这样子,明天的雨停不了,也小不了。顶着这样大的雨去爬香山,山高路滑的别出事呀。做父母的,谁不是这样替孩子担心呢?对于孩子,父母都是把心掰成八瓣,将这些关心、操心和担心酿造成絮絮叨叨的话语。话多得有时像是螃蟹吐出的泡沫,而孩子不理解,相反却讨厌。虽一再重蹈覆辙,我却总是按捺不住,去充当一个守门员或救火员的角色。在家里,他妈妈的脾气好,我的性子急,便总是当恶人。

我把小铁叫了过来,准备和颜悦色地对他说。我想动之以情,晓之以理,他总是个懂事的孩子吧:"你看雨下得这么大,明天就别去香山了吧!"

谁想到,他一口回绝了我:"不行,我已经和同学都说好了!"

我继续耐着心说:"说好了也可以改嘛,你现在就打电话和同学联系,通知大家明天不去了……"

他打断我的话:"那哪行,刚说好就改?这以后活动还搞不搞?再说这么多同学,万一有一个同学通知不到怎么办?"

我仍然耐着性子，我想这么大的雨有着最好的说服力量："你还没打电话，怎么就知道会通知不全同学呢？这次活动不行，以后再找个日子去香山也行。干吗非得在一棵树上吊死？你看看这雨下得多大……"

他再次打断我的话，而且一下子火了起来："您甭说了，就是下刀子，明天我们也得去！"

看他的性子比我还急，大概性格里有遗传的基因。我也火了，耐了半天的性子，像是压下水去的皮球终于又浮了上来："不行！明天不许去！"我又转身对他妈说："明天不许他去，明天早上你也不要叫他！"

儿子急得直哭："凭什么？我就去怎么啦？……"

说着，他把闹钟拿到他的屋里。我要冲进他的屋里，被他妈拦住了。孩子大了，翅膀硬了，要飞了，你是拦不住的。在飞向外面世界的时候，做父母的常常充当的是保守的角色。年轻使得生命充满的力量，往往让父母显得那样苍老得无奈而只有叹气。

第二天清早，闹钟清脆嘹亮地响起。儿子飞快地穿好衣服，洗漱完毕，披上雨衣，什么话也没有和我们说就走出门去。

外面的雨正倾盆而下。

我没有再说什么。我知道再说什么也是无用的了。

像所有家庭一样，在这场拔河赛中，赢的总是孩子。外面的世界很精彩，阳光灿烂，有着挡不住的诱惑和力量。这种外力，再加上孩子自身年轻的力量形成的合力，让父母单薄地处在无可奈何的位置上。

我知道，这第一回合，儿子胜了。他是在这种与外面的风雨和家中善意的担心和干涉的奋争中取得了胜利，磨硬了翅膀。他就是这样无穷地吸收外面阳光的照射，同时像抖落灰尘一样抖落掉父母压在他身上过多的关心、操心，而一天天长大起来。

这一年的圣诞节，他和同学约好，一起到北京郊区黄村一个同学家玩。都是在城里长大的孩子，他们还没有到过农村，田园风光和乡野的风，格外吸引着他们。虽然期末考试在即，他们还是下午一放学就驱车前往，要玩到半夜才能回来。我虽然明明不乐意，但我没有干涉。我想这大概是我最好的选择。

这一个学期结束，刚刚放寒假，他又组织同学到南口。这是他们第一次独自乘火车离开家。到完南口之后没过几天，他们又乘胜追击去天津，路程越来越远。说心里话，越来越远的路程将我的心拉扯得越来越紧张，毕竟他们还是孩子，而现在外面的世界并不那么安全，治安状况也不那么让人放心。但是，我将这些担心只好悄悄地消化在自己的心里，而没有干涉他。

事后，我看见他写的一篇题为《南口之行》的作文，头一段就这样写道："高中生活是和初中大不一样了，它太符合我的性格。我们能第一次在某些方面成为生活的主人，能够做一些没有家长、老师参与的事情。期末考试结束的第二天，我们就到了南口，去看一看那里的山，那里的烽火台。我们十一个同学自己去的。想想自己在沉重紧张的环境里学习了整整一个学期，是该出去透透气了！"

我还看见他在日记本里抄的一首小诗："沉沉的行囊还负在肩上 \ 俯身系紧松了的鞋带 \ 似乎要紧紧系住 \ 青春的勇气和希望 \ 石子路在脚下延长延长 \ 我不想回头 \ 既然已经出门……"

还能再说什么呢？家长都是在孩子的反抗中，在孩子的成长中，渐渐变得聪明一点的。我知道我就是这样渐渐变得聪明，并懂得在花开的时候，是无法遏制它绽开花瓣的；在雨落的时候，是无法阻止它从云层飘洒的。一个人的生长是有规律的，青春苏

醒的时候，羽毛正在丰满，翅膀正在抖动，外面的阳光和风正在刺激着他的心、炫耀着他的眼睛，家已经和外面广阔的世界不成比例。天平已倾斜，使得再好的家，再多的担心，再有本事和威严的家长，统统无法拽住渴望飞翔的翅膀，因为你无法违背这个自然的成长规律。

去天津那天的半夜 12 点钟，他们还没有到家。因为小铁是班长，带着这十几个同学去的，许多家长开始纷纷打电话到我家，问小铁回来没有，有没有电话来？可怜天下父母心，所有做父母的都和我的心情一样。我开始安慰这些家长，说你们放心，这些孩子不会有事的……其实，我也是在安慰着自己这颗正七上八下悬浮着的心。

那时候，小铁和同学已经从天津回到了北京。他们正坐在暖乎乎的麦当劳店里，一人握着一杯热咖啡，把呼啸的寒风挡在窗外。毕竟是第一次独自出远门闯荡外面的世界，激动的心情还没有平静下来，他们都不想回家，还想伴着浓浓的咖啡再细细地回味一番。

那天半夜，小铁回到家里，告诉我这一切，我的心里充满感动，这是只有孩子在他们的青春季节才会拥有的心情和情境。他们让我想起自己无可奈何花落去的青春。除了应该向孩子祝福，难道还应该责备吗？

最后我只是告诉小铁，既然已经回到北京，就应该让同学先给各家打个电话，好让家里放心。做父母的要理解你们，你们也应该理解做父母的心。

1998 年 5 月 2 日于北京

学习的宠物

　　最初，上高中的儿子写作业时总把收音机的音量开得很大，一边学习，一边还在随着收音机播放的音乐节奏大声高唱。我不大明白，莫非现在的孩子学习的习惯与方式都已经大大改变？和我们上学时不能同日而语？或者说我们那时一声不吭静悄悄地学习的习惯都已经是明日黄花落伍了不成？

　　我曾经把我的疑问对儿子讲了，其中包括对他这样一边写作业一边随收音机的音乐驴吼马叫的意见。我的理由是这样做是不是太影响你写作业时的注意力集中？他说不会，这样一边听音乐一边唱，写作业或复习功课的效果更好。

　　我真是不明白了，居然可以这样一心二用，音乐与作业互不干扰？音乐成了他学习的润滑剂或催化剂？但看他这样随着收音机狂吼并没有影响学习成绩，便也不再管他，随他唱去。谁想到音乐尤其是他唱的这些流行歌曲还有这样的作用？孩子的世界，纷繁变化，让我越来越难以理解了。

　　后来，他把收音机关掉了，大概是怕影响别人，换成了沃克曼，耳朵里塞着耳机，依然是一边听音乐一边写作业或复习功课。磁带经常换，今天崔健，明天罗大佑，后天张宇……任何歌星随他调遣，统统围着他和他的那些作业转，让音符和旋律同作

业上的字母与公式搅和在一起，没有搅成一锅粥，相反跳成有节奏的集体舞或霹雳舞一样彼此欢快愉悦。音乐听到动情处，作业写到尽情处，他会情不自禁地扯开大嗓门惊天动地高唱起来，唱得满屋子里震撼。每逢听到他这样开怀大唱，就知道像是剧场里的音乐会上唱到了高潮，赢得满场的掌声雷动，他的作业或复习也达到了兴奋的高潮，他是自己在为自己喝彩。

或许，这就是他们这一代孩子，我们这一代已经难以想象。在我们这一代看来，站如松，坐如钟，凡事要有规矩，学应该有学的样子，玩有玩的样子，怎么能掺和在一起呢？但他们就是这样不管那一套，偏偏掺和在了一起。他们的心似乎丰富了许多，吸收力和消化力极强，能够迎接八面来风而进行化学反应产生新的动力。相比看来，如果说我们这一代当学生时候心里确实要单薄得多，长满的是些单调而荒芜的草，他们的心里充满的则是流动而飘逸的云。我们写作业时绝对不会唱歌，要唱也得是在正式的场合，或舞台或列队，或劳动时或集会时，歌不是我们的首长，起码是我们的朋友。但他们可以破破这规矩，让歌是他们手底下的兵，是他们的墨水、涂改液、计算器。是他们纷飞思绪的任何一分子，是他们把作业捣碎随心情抛上天空尽情飞舞的精灵。

就让他唱去吧！虽然难以理解，却说什么呢？

过了许久，忽然发现儿子写作业或复习功课时不再听沃克曼大声吼唱了，变魔术一样，沃克曼变成了一个篮球，或握在手中，或踩在脚下，或抱在怀中。作业写到高潮，复习格外痛快，原来是独自大唱，现在改为拍球，有时还要情不自禁地运球、跳起投篮，虽无篮筐，可以将房顶模拟成篮筐。连蹦带跳，仿佛一场精彩的篮球比赛，乔丹、皮蓬、罗德曼、奥尼尔、埃弗森……

NBA 所有这些他所崇拜的大牌明星，都在陪他打篮球。这时，他的情绪高涨，过一会儿写作业或复习功课时抱着球的感觉特好，似乎这个球能增加他的智商。莫非一拍这个球就能让那些 NBA 的明星激励他学习，成为他学习的模范，门门功课非凡，都成了三分球或空中扣篮一样不成？

我有时开玩笑地说他：这球像是贾宝玉脖子上那块通灵宝玉怎么着，天天写作业时离不了它？他笑着说没错，没了这个球就没灵感了！

说归说，我没有怎么干涉他。在孩子成长的过程中，我已经学习得聪明多了，既然没有耽误他的学习，干吗非得让他和我自己上学时一样？他们有他们的方式，有他们的思维，有他们的爱好与习惯。我犯不上刻舟求剑一样非得要他按照我们那一代的习惯、要求和思维定式去做他想做的一切。

我对儿子说：现在的人和我们那时真的不一样了，现在的人都爱养个宠物，天天揽在怀里，有个寄托和抓挠。沃克曼和篮球就是你学习时的宠物！

儿子笑着说，您说得还真有点道理，现在的孩子都是独生子女，没个宠物，多闷得慌！再说，它们还真通情理，陪我学习时能起到好大的作用呢！是我发明的专利吧？要不要推广？

1998 年 5 月 10 日于北京

诗与青春

儿子上高二那一年，语文课本里有现代诗，老师让他们每个学生依样画葫芦作文课上也写诗。儿子一下子来了情绪，一口气写了好几首，特意向我要一个好看的笔记本，将他的这些诗抄在本上，还为他的这本诗集起了个名字，叫作《树的回忆》。

那天，他问我："您上中学时写没写过诗？"

我说："写过。"

他又问："您觉得咱俩谁写得好？"

这话问得我一时回答不上来。

他继续穷追不舍："您还保留着那时写的诗吗？"

"还保留几首。"

"那您找出您那时最好的来给我看看行吗？"

我找了出来，也是抄在一个挺漂亮的笔记本里（是本绿色封皮的美术日记本），就给他看抄在上面的第一首诗，当时在学校的诗歌朗诵会上，我还朗诵过，得了一等奖。名字叫做《雷锋同志，你没有死》，是我初三时写的——

山桃花怒放了，

远远望去像一片红云一样。

雷锋同志啊，你没有死，
那朵朵山桃，就是你闪烁的光芒！

一个雷锋倒下了，
千万个雷锋在成长。
雷锋同志啊，你听：
团山湖的歌声在千山万壑间回响，
做一颗永不生锈的螺丝钉，
是我们每个人心底的愿望。

雷锋同志啊，你没有死，
你那鲜红的血液，
化作了玉泉山的泉水。

黄果树的瀑布，
在汹涌澎湃奔流激荡。
它，滚进了黄河，
黄河为你鼓掌；
它，跃入了长江，
长江为你歌唱。
歌唱你——雷锋同志啊，
千古不朽，万世流芳！

山桃花怒放了，
远远望去像一片红云一样。
雷锋同志啊，你没有死，

那朵朵山桃，就是你闪烁的光芒！

儿子看完，没有说话。但我知道他在想什么。这样的诗，在他看来，实在有些假大空，除了押韵，没有一点诗味。他会很是不屑一顾，会反问我："这就是诗吗？"我要告诉他："这就是诗，就是我们那个时代的诗。"我们那时的诗就是这样子的。

我想起那时我喜欢的是郭小川的《向困难进军》、贺敬之的《雷锋之歌》、张万舒的《黄山松》、严阵的《老张的手》……那时，北京常常举办诗歌朗诵会，就像现在举办的流行歌曲的演唱会一样爆棚，朗诵者和听众，与现在的演唱者和听众一样都那样热血沸腾。一个时代有一个时代的时尚。那时——我国风云变幻的 60 年代，就是这样的时尚风靡了北京城乃至全国。

我喜欢听殷之光、苏民、周正、曹灿……的朗诵，就像儿子他们现在喜欢听罗大佑、周华健、张学友、崔健的歌一样。我能如儿子细细分辨出不同歌手的特点一样，分辨出殷之光的激情带有南方口音和几分慷慨甚至夸张；同样的激情曹灿则带有沙哑的嗓音和些许深沉多少还有点幽默。而同为北京人艺的演员，周正的朗诵给人的感觉是浑厚，比如他朗诵的《以革命的名义》，余音袅袅，声音总是能让人回味；苏民的朗诵给人的感觉则是潇洒，比如他朗诵的当时印度尼西亚共产党的书记约多的《诗七首》，短短的章节他处理得韵味无穷，大胆的大段时间的停顿犹如国画里的留白……那时，我沉迷在他们的诗歌朗诵之中，我几乎每个星期天都要买票听他们的慷慨激昂，然后照葫芦画瓢，自己也去慷慨激昂，偷偷地学习写诗、朗诵——是我们那个时候的卡拉 OK。

我希望儿子即使难以理解我们那个慷慨激昂得几乎有些空洞

的时代，至少不要嘲笑。在一个诗的国度里，没有什么能比诗更能染上时代的色彩了。想想我读中学的 60 年代是如此，比这更早一些的 50 年代"大跃进时期"的诗歌不也是如此吗？比这以后的 70 年代的小靳庄的诗潮不也是如此吗？这种诗的色彩可以说一直延续到了 70 年代的后期，出现了朦胧诗，才将诗换上了另一种装束。但是，我们这一代人已经离开了诗的年龄。诗，确实只属于青春。如今的诗，已经理所当然地属于儿子这一代。他们最有权利写诗和评论诗。

儿子看罢我的诗后，没有任何评价，既没有说出理解的话，也没有嘲笑。也许，这是最好的评价。我不需要带有宽容的理解，我们这一代人无须宽容，或以马后炮的态度嘲笑过去的一切。幼稚，却也有属于我们那一代特有的真诚。我们现在倒是不幼稚了，但随着幼稚的消失真诚也消失得快没有多少了。

儿子拿来他的那本《树的回忆》，找出他自己新写的一首诗给我看看。这多少有点打擂的意思。

儿子的这首诗叫作《色盲》——

那时候
我还很小
你告诉我
天是金黄的
绿色的草地
是白色的花边地毯
从山脚一直铺到山脚

到了夜里

45

你会指着那黑暗的远方
告诉我那若隐若现的一团灰色
是一个蓝色的城堡
你会说
绿色的月亮要从井底溢出
覆盖在每朵咖啡色花上

你告诉我
那烟囱冒出的黑烟
是闪着七色光的风筝
在紫色的大地上飞舞
你告诉我
太阳是绿色的
为了让夏天凉爽

而那雨后的湿漉漉的道路
是撒满金粉银粉的
通往宝藏的林荫路
路边还有藕荷的云
淡蓝的雨

从此
我相信了人们的话
你是个色盲
略去了一切灰色
略去了一切暗光

　　看罢儿子的这首诗，我和他一样也没有说话，我不知道该如何评价他的这首诗，又该如何对比我的那首诗说一点什么。跨过了整整 30 年的光景，从 60 年代一下子到了 90 年代，一代新的年轻人又成长起来了。时代和历史就是这样以一代人死去、一代人老去、一代人兴起而为其刻在年轮上的标志，而为其生长的营养基。30 年来，人们从生活方式到生存方式到思维方式、从理想追求到价值取向到情感选择，该有多少惊天动地的变化，诗就该有多少变化。在我们这个国家里，大概只有诗是这样和时代与历史共生，追随着这一切巨大的或些微的变化。但是，有一点——诗属于青春这一点没有变化。

1998 年春节写于北京

迟 归

那天，半夜12点多了，儿子还没有回家。全家人急坏了，生怕出了什么事。我和他妈妈站在阳台上望穿秋水，寂静的街道已经没有多少车辆，只有昏黄的街灯洒着寂寞的灯光，偶尔驰过的一辆汽车响着惊人的声响，让我的心更加落寞。

他到哪儿去了呢？到哪儿去现在也该回家了呀！起码该给家里打个电话。想到这儿，心里一阵阵拱火，也一阵阵担忧，浓重的夜色让心头越发沉重，不住地在想这深更半夜里什么事情不会发生呀！

忽然，空旷的街道上，闪过一个骑自行车的黄色的身影，飞快地拐了弯，向我家这座楼奔来。"是小铁！"他妈妈叫了一声。他穿着一件黄色的运动衫。

这时，我已经走出家门，站在楼梯口处。没有灯，楼梯口暗暗的，听见儿子上楼的脚步声，一步比一步清晰而轻快，他还哼着小曲，半夜归来，得了什么喜帖子了！他根本不知道家里人是多么着急。我的气更不打一处来。他走到了楼梯口，看见我这样一个黑乎乎的人影立在他的面前，吓了他一大跳，口中的小曲立刻像惊飞了的鸟。

"你看看几点了？"这是我劈头甩给他的第一句话。从家长的

48

脸色中，他知道了问题的严重性，站在客厅的中间垂下了头一句话不说，任凭你的数落，将那一身的夜色抖落在自己的影子里。

他是和同学聊天，两个人就那样站在街头，聊上了瘾，旁若无人，一直聊到了半夜 12 点多，忘记了时间，忘记了家里还有家人惦记着他，那一夜，只有他和他的同学以及他们天马行空的交谈。

他说他知道错了。我的心软了下来。我不知道他是不是真的明白他错了。哪怕一点点小错，要是真的明白了，需要付出时间的代价，年轻的时候，往往是理直气壮犯错误的时候。

那一夜，我和儿子都没有睡安稳。我不知道他在想些什么，我想起我自己的中学时代，也是像儿子这样大的时候，自以为是，又自视清高，不大看得起父母，便常常把父母抛弃在一边，跑出家门去找同学尤其是女同学聊天。不是也一聊聊到很晚吗？不是也一样抻出个话头就能有说不尽的话，长长的流水一样流个不停吗？不是也一样被自己和同学的话语所燃烧，激动起青春的火焰吗？那时，我和儿子现在时一样，甚至比他还要严重，常常是和同学聊天聊到半夜才回家。那时，我也和儿子现在一样，根本没有想到家中还有父母在焦急地等待。那时，我家住在一个大杂院里，常常半夜回去担心大门的粗木头门闩闩上了，便得想办法用小刀片将门闩弄开。可是，好几次想办法要打开门闩的时候，那扇黑漆斑驳脱落的大木门自己开了，站在门后的不是父亲就是母亲。他们那时很少骂我，只是这样一次次默默地为我等门，将房屋里那盏小灯点亮，心脏般跳跃着温暖的光……

当我想起这些往事时，我有些后悔冲儿子的发火，也很想对儿子讲讲这些往事。谁都有年轻的时候，谁也都有年老的时候。

1996 年 8 月于北京

什么东西打破才能用

　　小时候，曾经猜过这样一条谜语：什么东西打破才能用？谜底很简单，是鸡蛋。

　　那时候，我家里很穷，但我很爱读书，家里没有那么多钱给我买书。爸爸给我几个本子，一个让我抄想看的东西，一个让我剪报。我便从小养成了这两样习惯，觉得是爸爸教我的好习惯。许多东西就是这样积累起来的。而且，因为过了自己的一遍手，记忆更结实些。其实，那时只是爸爸手头钱紧，他并没有想到会歪打正着。

　　当我自己有了孩子以后，我想把这个好习惯教给我的孩子。我对孩子讲了小时候的故事，孩子立刻不以为然地说："那是因为你小时候穷！"我得想法子说服他，不由得琢磨起我的这个习惯，难道除了穷之外就没有别的一点道理？

　　那时候，我的孩子买了一大堆玩具，每天趴在地上玩不够地玩，其中有积木和拼图。如今的积木已经花样翻新，并不仅仅是我小时候玩过的那几种木头做的房子或小动物的积木了，我孩子的积木能搭起一座富丽堂皇的带有花园的宫殿。拼图更是五彩缤纷，任何童话里的画面都能够拼出来。但无论是哪一种积木或拼图，都必须拆散了再来搭或拼。即使搭起来了、拼贴好了，要想再玩，就必须将原来完整的画面或宫殿拆散。在孩子这里，拆已经不是一种破坏，而是一种游戏，乐趣正在于拆散、搭拼之中。

对于孩子，最大的乐趣便在于玩。如果学习也同玩一样有了乐趣，学习就不再是件枯燥的事情了。抄东西、剪报纸，其实也是这样把本来完整的东西拆散了，再拼接在一起的事情。乐趣在这剪贴之中，学习也在这剪贴之中。孩子能在积木和拼图中找到乐趣，便也一定能在抄东西和剪报纸中找到乐趣，关键是抄的东西、剪的报纸首先要让孩子感兴趣，觉得和玩有着相似之处。

这样一想，我有了信心，觉得有把握能把孩子的心吸引过来。我问他，你知道什么东西只有打破了才能用吗？他望望我，有些莫名其妙。

那时候，孩子正迷上了动物和植物，家里快成了他的小动物园和百草园。我找来许多和动植物有关的书、杂志和报纸，他来了情绪。他觉得这些本来应该都归他拥有。我说，不行，这里有的书和杂志是我借来的，而报纸太多你也不好保存，怎么办？我对他说，你来挑，凡是和动物有关的，你挑出来，和植物有关的，你另挑出来。他挑了出来。我又说动物分几类？这他比我清楚，告诉我分爬行类、两栖类……一大堆。我说那你把有关各类你觉得有意思的分出来、挑出来，咱们把书里的内容抄在本子上，把报纸剪下来贴在本子上。这样，就剩下两个本子了，你什么时候想看就方便了，这是你自己编的书，多有意思！这就叫把他们大兵团打散了，把那些精兵强将拉到咱们自己的家里来，多好！

他舍不得这么一大堆花花绿绿的东西，占有欲是孩子们的特点，而这种占有欲，一般在玩的方面体现得要比在学习方面更为强烈。这一瞬间，学习和玩已划不清界限。越抄越多，越贴越

厚。开始，需要我来帮助，后来，他自己干得挺欢。他又剪又贴又写又画，自己弄了一本题名《我的动物世界》的专集，分为"小不点儿王国"（昆虫）、"长羽毛的飞将军"（鸟）、"海底一角"（鱼）、"披戴盔甲的士兵"（贝壳）几章，有图有字，光鸟就画了马来西亚鸟、凹嘴鹳、白琵鹭、北极海鹦、黑颈鸬、绿嘴地鹃、火烈鸟、天堂鸟、金喉红顶蜂鸟……还有特别注明已被人捕杀绝种的渡渡鸟，反正都是我没有听说更没有见过的鸟。这些图案和文字，无一不是他从书或报刊上照抄下来和剪下来的。这些本子成了他自己爱不释手的宝贝，伴随他度过了整个童年时光。抄书和剪报，终于也成了他的好习惯。剪刀和糨糊成了我家必备的东西；剪剪贴贴、化整为零、聚沙成塔，成了孩子离不开的游戏的一种。

有些东西，看来是必须打破了才能用的。打破的过程，有了意思，便觉得好玩；破了、碎了、小了，便于消化和吸收。

1996 年底于北京

小吃店里

儿子那天要到花市的新华书店买英语语法书，约我中午在锦芳小吃店等他下课后到那儿碰头。

锦芳小吃店在花市街口的北面一点儿，我已经好多年没去过了。小时候，我家住在打磨厂胡同，上学在汇文中学，每天都得经过那儿，有时候，早点或者中午饭，就到那儿吃。最爱吃的是炸糕，不仅那里的炸糕好吃，还在于它便宜，适合我这样穷学生并不鼓的腰包。

儿子准时到了锦芳小吃店，骑着车，风风火火的，一脸汗。他读的中学和我当年读的一样，是我母校，不一样的是当年我是走着上学，而他骑着自行车。进了小吃店，他让我找个位子坐下，说他去买，不用我管。看他那轻车熟路的样子，便知道这里肯定也是他常常光顾的地方。这里和我当年上中学时几乎一样，似乎还是那几张油腻腻的桌子和凳子，定格在以往的岁月里。

不一会儿，儿子开了票，排好了队，端上来的竟也是两盘炸糕，而且每盘的炸糕都比别人的多几个，一问，知道他特意多买了一份。不用说，和我上中学时一样，他也爱吃炸糕。只是那炸糕变了样子，当年是那种江米面包着豆馅，八分钱一个；如今已经改成了奶油炸糕，一元二角钱一份四个。

　　时光过得真是飞快，仿佛还在昨天，其实三十年的光景如水而逝。人生场景的重复，并不是人生真正的重复。一切可以从头再来，唯有人生是一次性的，可以回首瞻望，却无法回脚重走过去的路。世事沧桑，这三十年里，变化的不仅仅是炸糕，就连锦芳小吃店在"文化大革命"期间，也曾改个时髦的革命名字，叫作新风小吃店，像当年许多店铺一样，插上所谓革命的小旗、涂上红色的标语。更不消说，三十年死了一代人、老了一代人，又新生了一代人。没有三十年一贯制，炸糕只是稍稍有些变化，当然可以说它保持自己的本色和特色，却也实在看出来锦芳小吃店的举步维艰，或者说它实在如一块化石，时尚很难改造它。看看它的四周店铺变化都很大，它的对面干脆拆得个干净，准备盖起新的高楼大厦。不知怎么搞的，那炸糕吃的一下子五味俱全。

　　儿子不管那一套，风卷残云吃着他的炸糕。对于他，只有锦芳小吃店，没有新风小吃店，没有"文化大革命"，没有这三十年，没有我这些思绪飘摇。他只想赶快吃完炸糕，去买他的英语语法书。他的盘中剩下一个炸糕，就站起身来要走。我拦住了他，指指盘里的炸糕，他说吃饱了，我说那也不能浪费。有些事情可以变而且是非变不可的，但有些事情是不能够变的。

　　他这才把那个炸糕塞进了嘴里。

　　　　　　　　　　　　　　　　　　　1994 年夏于北京

买鲜花

生平头一次，过生日，有人送我鲜花。是儿子，下午放学，特地跑到崇文门附近一家花店，买来两枝康乃馨。

儿子说，今年是我爸的本命年，我来给我爸献爱心！卖花的很感动地说，是吗？真是个好孩子，我来帮你挑两朵康乃馨！于是，康乃馨包上透明的玻璃纸，扎上了红绸带，外面又包上一层报纸，让儿子喜气洋洋地带回了家。

头一次在生日的时候接到鲜花，实在让人激动。这样的事，不会时常有，便小心翼翼地打开绸带和玻璃纸，如同打开儿子的心扉。谁想到，两枝康乃馨，一长一短，短的几乎只剩下几寸的枝条，而花已经发蔫，一副垂败的样子；长的枝条折了两截，已经弯下腰来。儿子正去拿花瓶盛水，兴致勃勃地问我："爸，花怎么样？不错吧？"

我不敢让儿子看到他买的花竟是如此模样，赶忙遮掩着将花插进花瓶，表扬着他，并感谢着他。但我心里很不舒服，卖花的为什么要这样？仅仅因为是一个小孩子去买花，不会仔细挑拣，不会在意你的手脚，就可以骗人吗？

其实，一枝康乃馨，不过五元钱。

我想起曾经读过的一个故事。也是一个小男孩，也是去买东

西，只不过是在圣诞节到一家礼品店，想给他的姐姐买一件礼物。姐姐和他相依为命，从小带他长大。他攒了整整一年的钱，就想在圣诞节的时候给姐姐买上一件他相中的礼物。可是，那件水晶的礼物太贵了，他知道自己攒的钱远远不够。店老板看出了孩子的心思，便让他把兜里积攒的零钱都倒在柜台上，连声说："谁说你的钱不够？你的钱买这个礼物还有富余呢！"孩子把这件水晶礼物带回家，姐姐不相信是他买的，带上他来到礼品店问老板，生怕是孩子偷的。老板还是那句话，非常认真地说："他的钱买这件礼物的确是富余的！"

　　这位店老板给孩子同时也给成人一个美好的童话，让人们相信这个世界还有真诚，金钱并不是一切。我的儿子如果知道了他那么相信卖花人的话，听凭她给自己挑来的花，竟是快要凋零的和已经折了枝条的花，下一次，不仅仅是买东西，他还会相信我们成人的话吗？在一个愈发务实的社会，即使我们不能再给孩子一个童话，起码要给一份真实吧！

1995 年 3 月 9 日于北京

十二枝康乃馨

今年春天，我在晚报上发表了一篇《买鲜花》的短文，讲的是我的孩子到一家花店买花，卖花的人见是个小孩子，竟卖给他两枝残破的康乃馨，却包上漂亮的纸袋。这样的事情，眼下已经见多不怪。假冒伪劣盛行，漫说孩子容易上当受骗，就是大人也无可奈何。

我想，这样的文章发表了也就发表了，如果有人看到，顶多感慨几句，然后被纷繁的都市生活淹没。谁会为两枝康乃馨认真呢？

前不久，我辗转收到一封陌生的来信。写信者是北京一家叫"世柱园艺有限公司"的总经理于国栋先生。他在信中告诉我，他们公司主要是利用地热资源生产鲜花，今年春天刚刚上市，正巧读到我的《买鲜花》这篇文章。"您的文章使我们进一步认识到商业道德的重要性，虽然您为顾全有关花店的信誉，没有指名道姓，但我们认为，作为同行业者，以此为戒是很有价值的，故我们已将您的文章复印发给全体员工，进行一次教育。"

他的信让我很受感动，现在居然还有这样认真的人，这样认真对待与他和他的公司都是八竿子打不着的一篇短文。

其实，这样的人是有远见的。他懂得商业的道德关系着商业

的前途，商业的道德就是人的道德。他让他的员工同时也让我看到鲜花的事业是美好的，不能让鲜花和心灵都染上污秽。

在这封信的最后，他写道："让您的孩子在自己选定的时间，来我公司免费选择十二枝他所喜爱的鲜花，作为礼物送给您和您的孩子，表达我们的谢意和祝福。"

在那篇《买鲜花》的文章里，我写过这样一句话："给孩子同时也给成人一个美好的童话，让人们相信这个世界还有真诚，金钱并不是一切。"这位认真而善良的总经理，希望用他的一份真诚给孩子以补偿，为孩子创造一个虽小却并没有消失殆尽的人间童话。

那天，孩子放学去了他们公司的门市部。于国栋先生让市场部陶经理热情接待了孩子，他问孩子需要什么样的鲜花？孩子说康乃馨。他便带孩子来到冷库，亲自为他挑选了十二枝康乃馨，鲜红鲜红，像簇拥着十二朵温暖的火苗，像跳跃着十二颗小小的心脏。他把花递在孩子的手里问："你看这花行吗？"孩子禁不住叫道："太好啦！"

那一天，是教师节前夕。孩子要把这十二枝康乃馨，代表全班同学，也代表他们，第二天送给老师。孩子希望总经理和他的公司送他的鲜花能够更有意义，希望人们相信金钱并没有让所有的人都沉沦地举起一片白旗，鲜花也没有完全凋残零落成一片尘泥。

起码，那十二枝康乃馨，会在孩子的心里开放得久远。

1995 年 9 月 24 日于北京

收获贺卡

　　儿子在学校开完迎接新年的联欢会回家，抱回厚厚一沓贺卡。

　　儿子是他们班的班长，最近这些日子为了班上的工作和一些莫名其妙的事情，他有些不大高兴。青春期的半大孩子，心理受情绪左右，是天上的云没个准头的。于是今年他没买一张贺卡，不准备送一个同学。我和他妈妈都劝他不要这样赌气，可是他不听，固执得依然一张贺卡也没买。

　　但这一天他却收获了这么多的贺卡。

　　他显得格外高兴，让我翻看那些五彩缤纷的贺卡，读着上面写满稚气却真挚的祝词，都是针对儿子最近的情绪而发的，字字中的，弹无虚发。应该感谢贺卡的发明者，让这个世界上多了一些心灵之间沟通的通道和可以畅通无阻的斑马线。这些贺卡，让我体味着同学们给予儿子的友情，让我想起自己遥远的学生时代和如水长逝的青春，真有些羡慕，甚至有些嫉妒，只有孩子们才会有这样纯真的友情。

　　其中两个同学在洋洋洒洒一番祝愿之后，似乎言犹未尽，在后面又特意加上了一句："肖铁：你还是我们心中最好的班长。"虽然未说出任何不愉快的事情，一切都在不言中了，儿子当然能

明白那是信任是鼓励是安慰是默默冰河下面春水的涌动。

另一个同学则说得明白直了："所有的风风雨雨不如意都会过去，更何况你身边还有这么多支持你的朋友！我永远支持你！"这位女同学恰恰和他有过摩擦和矛盾，曾经脸红脖子粗不欢而散。

还有一个同学说得更加爽朗快捷，劝慰之中含有委婉的批评："你有很多优点，但也有缺点。如果以前我做了什么错事，或说了什么错话，请原谅，别把不开心的事带到新的一年中，让一切曾经的烦恼在脑海里成为空白，再用未来的美好去填充吧！"

而另一个远在外校的同学在这样的日子里也及时寄来了她的祝愿："每年新年的时候，我都要绞尽脑汁攒贺词。在你这儿我就不费那么大的劲了，反正你也知道我肯定是希望你什么都好就行了！"

一把钥匙开一把锁，孩子的情绪有时只有由孩子们自己去调整，这时候，孩子之间的友谊就会最有效地湿润孩子自己干燥皴裂的心。这些贺词和祝愿就像一只只小鸟，啄走了苦恼，又衔来了欢乐。儿子在这些贺卡面前绽开了笑容，郁积在心头多日的乌云飘洒下眼前洁白的雪花。

这一天，天上恰恰飘飞起一冬难得的纷纷扬扬的大雪，摇曳着六角形洁白的小精灵，晶莹如玉，清新湿润。

我看得出来，儿子多少为今年没买一张贺卡送给同学而显得有些后悔。

1997 年元旦于北京

家的节日

　　一个家庭和一个国家一样，是有属于自己的节日的。对于过去的大家庭而言，家的节日应属春节，白雪红炉，清茶浊酒。一家人团团圆圆围在热腾腾的年夜饭的饭桌前，是家传统的盛大节日。那时，家的节日的主角属于老人。现在，大家庭已经逐渐转化为子女的小家庭，一对父母仅仅带着一个孩子，孩子成了"小皇帝"，自然也就成了主角，家的生活开始以孩子为中心为半径画圆，家的节气的重心便也就转移了，孩子的生日、六一儿童节，便无形中成了家的节日，并且随着孩子年龄的大小在频繁变化着更新着。这样的节日之隆重，家庭之舍得泼撒钱财，已经不亚于春节。

　　我也是一样，难免于俗，在孩子的生日和六一儿童节的时候，以孩子为轴心度过家的节日。稍稍不同的是，在孩子生日的时候，一般是带着孩子吃一顿，或买个生日蛋糕回家吃一顿，总之是以吃为主；而在六一儿童节，则是带孩子到新华书店买几本他喜欢的书，这个保留节目从孩子还未识字但已懂得翻图画书时开始，总之是希望和吃有个区别分工，既然有一个节日是以物质为基础了，这个节日就管管精神吧。

　　是孩子没有不馋的，满足于孩子这一欲望，是家长怜子之心

正常的心态。这样的节日无论对于孩子还是对于家长，都是不难变换着花样去过好的。但仅仅把节日的节目单变为了一张吃的嘴巴，节日的意义也就容易沦丧了。也许，会有许多家庭想出更多更好的法子来过这一节日，在我最简单易行也是最笨的法子就是带孩子去买书，坚持到底，雷打不动。以前，王府井的新华书店没拆，是我们必到的场所。王府井的书店一拆，我们便开始打游击。选书、买书、回家看书，看着孩子的身影小鸟一样在书架间跳跃、孩子的目光流萤一样在书页间跳跃，我的心里感到慰藉和温馨，是在别的节日里难以涌出的感觉。我只是希望通过这样节日连续性的节目安排，让孩子从小懂得书不是万能的，但没有书却是万万不能的。从最开始买的《世界之最》、《世界文学名著图画本》，到后来买的《林中水滴》、《丰子恺文集》……十几个这样的节日就是这样过来了。这些书伴他度过了整个童年和少年的时光，书起到了家长和老师起不到的潜移默化的作用。

今年"六一"儿童节前夕，我为河北少年儿童出版社主编了一套"露珠丛书"，都是我所尊敬的师长或朋友如郭风、袁鹰、宗璞、柳萌、韩少华、赵丽宏、铁凝……写给孩子们看的散文。我和出版社事先谈妥的，每一本书不要太厚，定价不要太贵，印装得要漂亮，要让孩子看着外表就喜欢，看到内容对他们的情感陶冶作文写作都有帮助。这是多年的愿望，希望能为孩子编一套适合于他们的文学书，在"六一"这样的节日里献给孩子们。大概我自以为是地以为以前我的那个法子还不错吧，便总想推而广之，希望更多的孩子也能如我的孩子一样在这样的节日里由他们的爸爸妈妈带领着他们到书店买上几本好书。说心里话，让孩子爱吃、会吃，并不难；让孩子爱书、会读书，则是一件重要的事，也是一件需要从小培养才会奏效的事。

　　这一套"露珠丛书"在"六一"之前出版了，书拿到我的手里，我每本都看了一遍，虽说也涌出一些不满足，有的书本可以编选得更精致，有的插图本可以设计得再漂亮一些，但我要感谢这些作家和出版社为孩子在节日里献上了不敢说是最好却是富有意义的礼物。

　　只可惜我的孩子已经长大了，再不用拉着我的手到书店里去买书。

　　我怀念那些个难忘的节日。我羡慕那些个还拥有这样节日的孩子和家长们。

1997 年六一节前夕

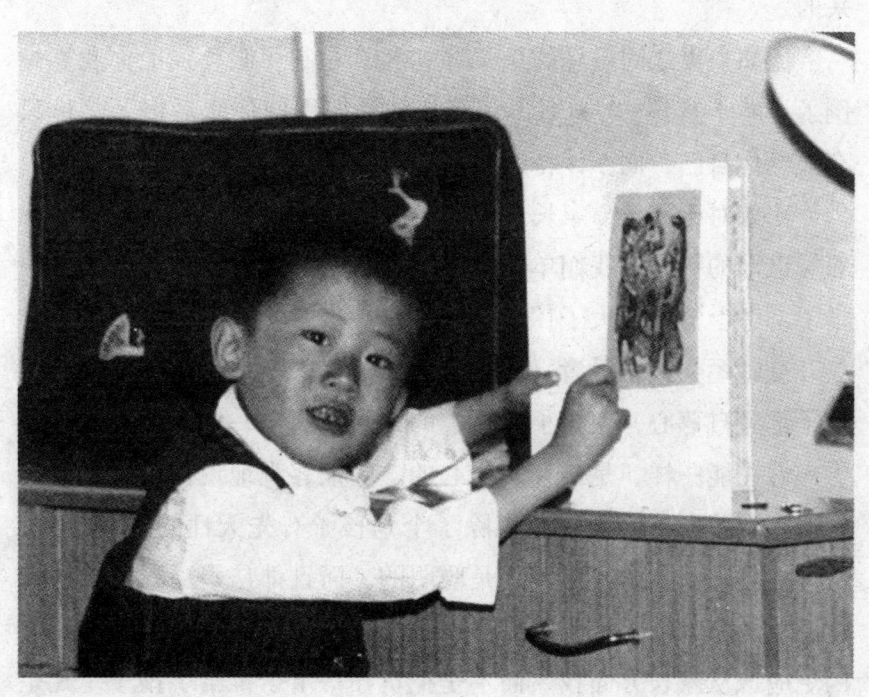

家庭忌语

　　家庭应该有必须应有的忌语，这样的话是不能说出口的，无论是多么气不可耐，或只是无意之间的随口流露。并不是到了家里关起门来，就可以无所顾忌，随心所欲，如同进了澡堂子一般可以脱个精光，毫无遮拦，雨打芭蕉一样什么话都可以泼洒出来的。

　　比如夫妻之间最忌的是"当初我真是瞎了眼，找上你我算是倒了一辈子霉！"之类悔不该当初的话。即使你真后悔了，也只有埋怨你自己，而不该将这样的话伤及对方。

　　比如对于孩子，家长最忌说的是："你怎么这么笨？你看看邻居谁谁的孩子，我们单位谁谁的孩子学习多好，都考上重点中学了，考上清华北大了！"

　　这则短文只说后者，我以为这是家庭中对孩子最忌讲的话。孩子都有自尊心，说孩子笨这类的话，如同说一个女人丑说一个男人性无能一样，是最伤孩子心的。应该客观地说，孩子之间的智力是有差别的，但这差别除了个别孩子有先天性的障碍之外，这种差别是不大的，孩子都是聪明的，而且都是蕴涵着极大的潜力以及可塑性的。之所以后来孩子之间学习成绩拉开了距离，原因更应该从家长方面找，而不是把责任一下子推给了孩子。凡是孩子学习出现了问题，尤其是出现了较大的问题，一般都是可以找出家长自己这里出现了这样那样的问题，而且大多数是在孩子小时候对孩子的教育出现了偏差，以致水滴石穿的。因此与其骂孩子，不如先责备自己。而不是在孩子小好玩的时候把孩子当成玩具，当孩子学习出现问题不那么好玩了，就把孩子当成了出气筒。

在孩子小的时候，绝对不能把自己的孩子和别人家的孩子比。即使别人家的孩子再好，是别人的孩子；即使自己的孩子出现的问题再多，是自己的孩子。不做横向的比，只将孩子自己和自己比，哪怕有一点进步和长处，都值得赞扬。旧式时民间有谚语说："一畦萝卜一畦菜，自己的孩子自己爱。黄鼠狼养的孩子是香的，刺猬养的孩子是光的。"排除溺爱和偏爱，这谚语告诉我们如何维护自己孩子的自尊，如何看到自己孩子的长处，而不和别人家的孩子进行不对等或刺激性强烈的比较。孩子的心理是敏感的，也是脆弱的，你总是拿别人家的孩子和他或她比，他或她便会觉得你的爱从他或她的身上转移到别人家的孩子身上了，他或她会更加抬不起头来，甚至将委屈乃至恨转移到别人家的孩子身上。恨铁不成钢的家长们往往就是这样无意中伤害了自己的孩子，他们以为这是对自己孩子的一种爱，却不知这样的爱最让孩子消受不起。

十年前，我曾经到天津采访过当时有名的小诗人田晓菲的父母。田晓菲 10 岁出版诗集，14 岁考入北京大学，她的父母对她的教育是成功的。成功的秘诀在哪里？她的母亲告诉我其中重要的一条就是："我从来不说你怎么那样笨？这么简单的问题都不会？也从来不拿她和别家的孩子比，你怎么不如人家？"这位母亲还给我举了一个例子：晓菲 4 岁的时候，还不会写字，却在哥

哥新发的作文本上胡涂乱抹整整划拉了四大页，全是谁也看不懂的乱七八糟的符号，如同天书一般。她回来了，晓菲兴致勃勃地把本子递给妈妈说："看我写的作文！"她一看挺好的本子给弄成这样，本想说孩子几句，忽然又一想这是孩子对学习写字的兴趣呀，马上对晓菲说："真的，这是你写的吗？"看到这样一篇恐怕全世界任何人都读不懂的作文，她表扬了晓菲，并且给买了新本子，鼓励她认字、多写。

这位母亲的话给我留下了深刻的印象。如果她拿到这样一个被孩子弄得一塌糊涂的本子骂了孩子一顿，说你怎么这么笨，这叫写字吗？这不是胡糟蹋吗？你看看谁谁家的孩子多懂事，像你这么大都认多少多少字啦，还会弹琴画画，哪有像你这样瞎胡画之类的话……结果会怎样呢？孩子第一次天真幼稚的学习兴趣，面对着无情的狼牙棒，还会伸展出腰身来吗？

切记：在家庭忌语中，最不要说孩子笨，不要拿自己的孩子和别人家的孩子比。十年前，我恰逢其时地从田晓菲的父母身上学到这样重要的一条教育孩子的原理和经验，并牢牢记住了它。那一年，我的孩子刚刚7岁。

1997 年 6 月于北京

尊　重

　　读中学的时候，我和一位女同学很要好。她家住在我家的斜对门，星期六的晚上常常到我家来玩。那时，我们都喜欢看书，书便成了药引子，一起谈书，由书再扯到别的，天马行空，一聊就是半夜。正是青春萌动的时期，男女同学坐在一起，伴着青春刚刚苏醒的脉搏，书和聊天，都染上异样的色彩。时间，便不知不觉过得飞快，仿佛一眨眼的工夫，时钟的针便走到一起并在最高处了。

　　我们的友情，自然还有一些朦朦胧胧似是而非的恋情。从初三一直维持到高三毕业。几乎每一个星期六的晚上，无论风霜雨雪，都是在我家这样度过的。

　　那时，我家住着里外两间小房。爸爸妈妈睡在里间，我和弟弟睡在外间。爸爸妈妈从未因为我们一聊聊到半夜，而出来干涉、责骂或旁敲侧击过我们一次。有时，他们实在困了，或第二天还要加班，便早早躺下了，悄悄熄灭了里屋的灯，绝不影响我们交谈。

　　那些个青春气息和夜晚的青草悄悄滋生的星期六夜晚，我们常常因交谈的投入、忘情、兴奋，而忽略了爸爸妈妈乃至整个世界的存在。但他们就在我们的身边，默默地为我们祝福。他们相信自己的孩子，无声胜似有声的爱，弥漫在那些个星期六夜晚的

夜色之中。

我懂得，这就是尊重。

我弟弟长大了，不喜欢学习，偏偏喜欢足球。

每到期末考试后，弟弟总要拿回一门或两门不及格的考卷。老师总要找家长去学校，严厉地批评弟弟，希望家长抓紧。

每逢这时，我都替弟弟羞愧难当。我便要在假期里，替弟弟出许多张试卷，帮助他捡回失落的功课。因为我在学校是连年优良奖章的获得者，有一两门功课不及格，简直不可思议。

起初，爸爸妈妈很支持我。但从初一到初三，效果并不佳，弟弟依旧有一两门功课不及格而勉强升了级，对我的补课只是应付，心思还在足球上。

爸爸妈妈先对我说："你也别费这心了！既然想踢球，就让他踢去得了！"

然后，他们又对弟弟说："行行出状元！凭一张嘴，侯宝林的相声、陆春龄的笛子，都成了绝活。踢球也一样，只要你下决心踢出个名堂来！"

为此，弟弟很得意。为此，我和爸爸妈妈争论过。为此，弟弟多费了几双回力牌球鞋，多花了不少爸爸妈妈的辛苦钱——他们给弟弟买了不少营养品。

弟弟踢进了北京市少体校的足球队。那一支少年足球队，即将升级为北京青年二队时，"文化大革命"爆发了。爸爸和妈妈没有埋怨过弟弟。弟弟的童年和少年的足球梦里，因爸爸妈妈的那一份情爱而五彩缤纷，永不凋落。

弟弟懂得，这就是尊重。

儿子今年即将16岁了。他长得比我16岁时还高了。嘴唇上长满和我那时一样如春天新生的茵茵草坪般的绒毛了。

竟这样飞快，我长到当年爸爸和妈妈一样的年龄了。生命在儿子的身上延续，岁月却在我身上苍老。

一天。狂风大作，我从外面回家，有些感冒，看见儿子居然只穿着一件背心，便一边冲着感冒冲剂一边对他说："快穿上点儿衣服，留神感冒！"他应声着，却不见穿衣服。我便接着冲他喊："听见没有？快穿上衣服！"他还是应着声，照样看他的书，依然不见动静。我有些生气，说他："你是怎么回事，说你这么半天了，还不穿衣服？等感冒可就晚了！"他回头顶了我一句："谁像你这么爱感冒？"

还顶嘴？我一听，更来火了，扔过衣服给他，非让他当着我的面把衣服穿上不可，并指着窗外怒吼的大风对他吼道："你看看是什么天气！"儿子万般无奈，只好套上了衣服。

事后，他对我说："爸，我希望你别认为你要感冒了便认定我也得非要感冒不可；你想干的事，我必须也一定想干！"

他又说："你得尊重点儿我的意见！"

儿子喜欢罗大佑的歌。罗大佑以前出的几盘磁带，他都买了。前不久，他看见罗大佑新出的《恋曲2000》，便毫不犹豫买下了。

把磁带放进录音机听了一遍，他对我说："除了个别曲子还好，整体水平不如他的上一盘磁带《恋曲90》。我不喜欢！"

我问他："既然买的时候还不知道喜欢不喜欢，干吗非得那么着急买？"

他望了我一眼，说："罗大佑从上一盘磁带到这一盘磁带，用了整整六年的时间准备。不是所有人都这样认真的，我买它，是对他的尊重！"

1995 年春于北京

土城公园

我的儿子小铁小的时候，我曾经带他到过外地的许多热闹的旅游胜地玩，也曾带他到当时刚刚兴建的游乐场玩过过山车、激流勇进之类现代化的时髦玩意儿。

像许多做家长的一样，唯恐自己孩子的童年比别人家的孩子落下一些什么而受了委屈，我们紧紧抓住了时代和城市流行的影子。

现在，我的儿子小铁已经上高二了。短暂一瞬的童年，如水长逝。回忆童年的一切，有一天，他这样对我说："其实，对我童年印象最深的并不是您带我去玩过的那些名山胜水和游乐场，而是原来咱家住过的楼后面的土城公园。"

儿子的这番话，我没有料到。他所说的土城公园，不过是元大都遗址残留下的一段旧土城墙。儿子 4 岁，我家刚刚搬到那里的时候，除了一片新楼之外，连道路都没有修好，土城墙一带野草丛生，一片荒芜。随着楼群逐渐住进人家，随着道路逐渐修通，沿着那段旧土城墙——其实就是一道破败凋零的土坡上下前后栽种了树木，修建了亭子，铺上了鹅卵石的蜿蜒曲折小径，最后在四周围上一圈铁栏杆，修了一个大门口，便成了土城公园，简陋得可以，原始得可以。它不要门票，人们可以随便进进出出。我没有想到，它竟成了儿子从 4 岁到 11 岁读四年级时转学离开这里为止整个童年的天堂。

大人很难理解孩子的心。对于好与坏、高级与低级、好玩与不好玩、平常与不平常、丰富与简陋……孩子的价值标准和家长的并不一样。难怪罗曼·罗兰这样说过："谁能看透孩子的生命，谁就能看到湮埋在阴影中的世界，看到正在组织中的星云，方在酝酿的宇宙。儿童的生命是无限的。"

我翻看儿子的日记和作文，那里有许多地方不厌其烦地记述着、诉说着、倾吐着、回忆着、留恋着土城公园那一片他童年的天地。

"小时候，我家住在和平里，楼后便是元大都遗址，虽也算是文化古迹，其实没什么可以游览的，只有一座不高的山坡和树木了。但那里昆虫特别多，也就成了我的乐园。童年像梦一样，我的童年是在大自然中和小动物、昆虫一起度过的。夏天，是我最快乐的时候，因为昆虫在这时候特别多。雨前捉蜻蜓，午后粘知了，趴在草丛里逮蚂蚱，找来桑叶喂蚕宝宝……但最有趣还要算是捉瓢虫了。我钻进铁栏杆，就来到了元大都遗址的后山，树阴下是一片小草，草尖是青的，草根是绿的，草中夹杂着蒲公英，黄色的小花像米兰随意撒了几点黄。远远的，就能看见在那绿和黄中间零星的几点红，走近了却不见了，这就是瓢虫，像玩魔术一样和我捉迷藏。蹲下身，睁开眼，啊，就在身边的花上，草上呢！瓢虫的壳大多是红色的，但壳上的星的多少却不同，有一星、二星、七星、二十八星的，星数决定了它们的种类，二十八星的是害虫。小时候极富正义感，这片草地就是我伸张正义的舞台。小心地把瓢虫从草叶上和花中挑出来，仔细地数它们背上

的星。小孩的心总是更善良，生怕害了好人，如果是二十八星的，我就就地处决，攥起小拳头狠狠地说：'让你吃小草！'心里轻松极了，像做了一件大好事，大快我心。有一次错害了七星的，心里着实难过了好几日，发誓下次要再认真数星星。如果是七星的，我就一只只捉来，攒到一大把，张开手向天空一扔，就像放飞了星星，放飞了一颗颗红色太阳。天便红了，脸也红了，我便醉了，醉在漫天飞舞的瓢虫之中了……"

这是孩子初三时的日记。说实话，看完之后，我很感动。只有孩子才会有这种感情。我们大人还能有这种心境吗？我会精心去数二十八星的瓢虫然后把它们就地处决吗？我能放飞那一只只七星瓢虫而感觉是在放飞一颗颗红太阳吗？在孩子童年那些岁月里，我和孩子其实是一样，天天也从那片土城公园走过，我却从未看见过一只瓢虫，自然也就看不见漫天飞舞的红太阳的童话世界了。

"小时候，家里没什么玩具，更没什么游戏机。和我相伴最多的也是我最爱的就是楼后元大都土坡上的树、草和树间草间的小生命，总让我想起普里什文和列那尔写过的树林和动物的文字，幻想着身边的这个废弃的小土坡会不会变成书中写的那种样子呢？晚上会不会也'没理由地飘下几片雪花，像是从星星上飘下来的，落在地上，被电灯一照，也像星星一般闪亮'？晚上十点左右，会不会'所有的白睡莲也会各自争妍斗巧，河上的舞会就开始了'呢……

那里不高的山坡，山上那一片浓郁的树林和山下几丛常绿的地柏以及藏在草丛里那些小生命，就是我童年全部美好的回忆了。我认为我童年那美好的一切都在那一片不大的公园，一座不高的山上山下了。"

这是孩子高二寒假里刚刚写的作文。他的心磁铁一般依然紧紧指向那座土城公园。他把那里看得那样重要，不仅对于他的童年，而且影响他整个人生理想的探求方向。天呀！就是那座毫不起眼的土城公园？就是永远比不上植物园植物丰富、动物园动物热闹、游乐场游戏设施完备的那一片小小的草丛和树林？

前不久他对我说："真不知道如果小时候咱家不住在那里，没有那个土城公园，会是一种什么情景？"

对于他的问话，我不知道如何回答。

他却自己这样回答道："像现在咱家出门就是大马路，好多人家都是住在这样的城市生活环境中的。也许，我会变成另一种样子。"

会吗？会像他所说的这样严重吗？

他又说："小孩就要亲近大自然，这是书本上的知识无法给予的。小孩应该养一些小动物，这不仅是和大自然亲近的一种方式，更重要的是那些小动物都要比孩子弱小。孩子总是在大人的关怀之中，显得自己总是很弱小，有比自己还要弱小的小动物需要自己去关心了，孩子就会懂得生命中许多有意义的东西，这些是从大自然中学来的，不是从书本上从老师爸爸妈妈那里学来的。"

他所说的这些，让我有些吃惊。我没有想到过这些问题，起码我忽略了大自然对于孩子成长的作用。我们大人关注的更多的是孩子的书本知识的学习，说得更确切些，更关注的是孩子考试的成绩和名次。我们极容易并理所当然地将大自然忽略掉，不懂

73

得大自然其实对于孩子来说是一个极其重要而且更为亲切的老师。我们不懂得或没有意识到孩子和大自然之间的关系有着天然的儿童心理特点的沟通，其优越性是家长和老师无法比拟的。

儿子的这番话，让我想起他小时候的两件小事。

一次是他还没上学的时候，春天和妈妈一起到香山去玩，在眼镜湖里捉了几只小蝌蚪，想带回家看看它们是怎样变成青蛙的。不想在爬山的时候装蝌蚪的塑料袋破了，小蝌蚪顺着水流到山坡上。妈妈说那就别要它们了，接着爬山吧。他不干，说："这些小蝌蚪变不成青蛙就要死了呀!"说什么也要把掉在山坡上的小蝌蚪捉起来，自己无法带回家了，也一定要把它们重新送回湖里。

一次是他刚刚上小学的时候，一天放学，正是大雨过后，地上有好多水坑，里面落着不少蜜蜂，翅膀被雨水打湿飞不起来了。调皮的同学就用脚踩水坑里的蜜蜂玩，好几只蜜蜂被踩死，他怎么劝说也没用，急中生智大喊了一声："老师来了!"同学们这才如鸟兽散。他和另一个同学把水坑里的蜜蜂一只只放在一张硬纸上，然后跑回学校，把它们放到花坛的花丛中，看着它们被阳光晒干了翅膀，嗡嗡叫着飞走为止。

我们大人还能做这样的傻事吗？我们还有这份童心吗？我们还会把大自然的万物视作同我们人类一样有着情感和疼痛的生命吗？

只有孩子，他们和动物、植物，和大自然有着天然的联系。只有孩子才能听得懂动物的语言，看得懂花的舞蹈，嗅得到树木的呼吸。他们和七星瓢虫对话，幻想着树林中的童话和河上的舞会，心疼离开水的小蝌蚪、淋湿了翅膀的蜜蜂会再无法在夏天敲响满湖的蛙鸣、再无法和花朵说着悄悄话……

没有一个孩子不爱动物和植物，这是孩子和大自然联系的纽带。家的环境再优越豪华，把孩子仅仅关闭在水泥和钢筋的楼房里，等于割断了这种纽带，孩子缺少了这种自然的教化，孩子的成长便缺少了自然的因素，便会有越来越多的社会物化的锈斑。

来自大自然的气息，毕竟和饭菜的香味、家具的漆味、玩具和电视散发的气味，以及窗外飘来的污染的空气的气味，绝对不一样。这是大自然独特的教育功能。

我应该庆幸，在孩子的童年拥有元大都遗址土城公园那一片繁华都市中已经越来越难见到的清新的大自然。

1997 年春节于北京

75

两代樱桃

　　我一直想写写樱桃。今年到了樱桃上市的时候，满街的小摊都是星星点点的红，红得格外耀眼了。我小的时候，是很难见到樱桃的。那时，我们大院里种着两棵桑葚树，到了开春的季节，一棵结满紫桑葚，一棵结满白桑葚，这是我们一帮穷孩子能吃到的最好的水果了，常常把我们的嘴巴和衣服弄得紫一片白一片的，虽然回家挨骂，却大饱嘴福。

　　那时候，我没见过樱桃。

　　有一天，小萍拿着两三个红红的小果子，兰花手指轻轻往嘴里送。看她那样子，吃得津津有味。她见我望着，有些奇怪地问我："怎么？你没见过这玩意儿吗？"我老实地摇摇头，她将手里的果子递给我，我记得很清楚，一个把上结着两个红红的小果子，她掰下一个塞进我的嘴里说："这就是樱桃呀！"把另一个樱桃塞进自己的嘴里。我第一次吃到了樱桃。那滋味和桑葚是无法相比。桑葚的甜带有一股土腥味；樱桃的甜特别清新，久久留在嘴里散不去。我明白，樱桃是贵族的，桑葚才是属于我们穷孩子的。我们的大院里，只有小萍家有樱桃，她的舅舅开着一家不小的水果糖厂，常给小萍送好多好吃的好看的东西，是我从来没有见过的。

　　我想那天我吃樱桃的样子一定显得特别的馋,让小萍觉得一个樱桃没让我尝出味来。当天晚上,她找到我偷偷送了满满一大把樱桃,让我美美吃了个够。这件事情,现在想起来,我十分后悔,我太馋,太自以为和小萍的关系最好,那是一种似是而非朦朦胧胧的感情,全院的小孩都知道,还起哄说我们俩呢,我便控制不住自己,这样没出息!那天晚上,我和小萍都挨了打,我才知道樱桃是小萍从家里偷出来的,让她妈妈发现,雨打芭蕉地一顿痛骂,把我和我家都捎带上,这是爸爸难以容忍的,他一辈子穷,却脸皮特别薄,自尊心强,他觉得我实在是给他丢了脸,那些樱桃实在十恶不赦!

　　从那以后,我后来吃过樱桃罐头,却再没吃过新鲜的樱桃。樱桃在北京一直是种娇贵的时令水果,很少见到。不知今年怎么搞的,樱桃在北京的市场上一下子多了起来,听说是引进了日本的新品种,在山区大面积种植的缘故。我买了好几次比童年时见过的更大更甜的樱桃,让全家人尝鲜。只是我再也没有见过小萍了。她家因为她舅舅开的水果糖厂,在"文化大革命"中挨了斗,全家被赶回农村老家。我从北大荒插队刚回北京的时候,在大街上见过小萍一次,她推着自行车驮着一个八九岁的女孩子,面色蜡黄苍老,难找到当年为我偷樱桃塞进我嘴里去那天真可爱的样子了。

　　岁月就是这样无情地流逝,于历史可能只是短暂一瞬,于人生却是整个的青春!今年,看到满街这样多的樱桃,我想起小萍和我们遥远的童年。

　　谁想到上高中的儿子对今年的樱桃也感了兴趣,捷足先登,先写了篇作文获得老师赞扬,回家得意扬扬给我看。这是儿子眼中的樱桃,和我当年的感觉一样吗?让我抄他的两段——

　　"樱桃是早春的水果，民间说她是一年中百果之首，是不无道理的。这早春的宠儿，是成双成对地来到这个世界的。看她们，一个枝上，分两岔，一边一个红红的果子，像一对历久飘香的铃铛，被卖火柴的小姑娘轻轻却又牢牢地一系，便再也分不开，离不了了。响便一起响，唱便一起唱，沉默时候，便一起相守着那宁静，去酝酿更暖的音符。我没见过一个孤孤单单的樱桃，有，也是人为地把她们分开的，虽分开，却仍紧紧地挨在一起。"

　　"红红的，有的甚至是红得发紫，却不让人感到是冲人的艳红，而是那种夕阳的红，雨后桃林的红，带有兰花幽幽香气的红。咬一口，牙齿都感到了红，才发现她们竟是这般表里如一，一直红到心里——而不是像苹果，皮会红得耀眼，切开一看里面却白得发黄——红得仿佛浸透了果农一年的辛苦，红得像心的颜色。"

　　读完儿子的《樱桃》，我沉默了，不是为他的作文的好与不好，而是深深感到岁月流出一条太宽的河，让我们父子俩隔开站在了遥远的两岸。两岸的樱桃竟是这样的不一样！卖火柴的小姑娘在哪里？轻轻却又牢牢地一系，便可以真的让樱桃再也分不开，离不了了？真的能拥有这样的美好吗？响便一起响，唱便一起唱，沉默时候，便一起相守着那宁静，而且还能去酝酿更暖的音符？

　　樱桃给我的回忆和感受是这样的吗？我的心里忽然涌出一种说不出的苦涩。儿子能够尝到樱桃中孕育的这份美味，能够听到这更暖的音符，我能够尝到听到吗？樱桃，是我童年的水果，虽只是偶然一次相逢，埋下的种子却在未来的岁月里发芽。

儿子的水果充满安徒生童话般的梦幻，我们的水果融入我们的人生的况味。同为樱桃，对于儿子和我，其实味道是大不一样的。

1997 年春于北京

儿子写的书

　　儿子今年18岁，上高三。他的第一本书——高一时写的长篇小说《转校生》由北京少年儿童出版社出版了。我一下子有些百感交集起来。儿子居然可以写书了！他长得比我想象的还要快，不仅个子，还有学习、思想。我除了为他感到欣慰之外，真的感到自己有些老了，这么快就一下子老了。

　　儿子肖铁的这本书是北京少年儿童出版社计划出版的"自画青春"长篇小说丛书中的一种，让中学生写自己中学的生活，北京少年儿童出版社的朋友出了一个好主意。我想起我的中学时代，那时候，我也是喜欢文学创作，但没有哪一家出版社，也没有什么作家会聚在一起像会诊一样手把手教你，和你一起种下种子，耐心地等待它发芽，帮助它长成一株小树，摇曳出满枝葱茏的新绿。孩子们赶上了比我那时候更好的新时代，肖铁实在是幸运的。

　　现在，肖铁的这本《转校生》出版了，出得比我的有些书还要精致漂亮。

　　让中学生"自画青春"，自己写自己，有他们的长处，因为只有他们最了解最熟悉自己的生活，他们是用他们自己的眼睛看待用自己的心感受中学生活，自然会比我们大人多出我们容易忽略的新意和他们独具的湿漉漉的青春气息。但让他们来写自己也有困难，他们面对的是一部十几万字的长篇小说，而不是一篇作文或一个短篇。在写作《转校生》之前，肖铁写过一些散文和为数不多的短篇小说，一下子要写这么长的东西，他首先觉得无从下手，具体的问题是两个：一个是写什么？一个是怎么写？

写什么，并不难解决。我对他说就写你自己，你自己觉得什么生活最难忘最刻骨铭心最值得写，你就写什么。对于孩子，写自己是一条最佳路线。他立刻说那就写我小学转学的事情。这是我想到的，这件事情几乎影响了他的性格和日后走的道路。和所有的家长望子成龙的心态一样，我也未能脱俗，在肖铁小学四年级的上学期，我为他转到一所市重点小学，我没有想到这一片好意竟然引起孩子那样大的跌宕起伏。对于学校的好坏和对未来的预测，大人和孩子的价值标准和判断方式有着那样大的差别。他每天上学前的胆战心惊的样子，他对过去的环境和同学的留恋的程度，让我不理解。有一次，他竟坐在地上大哭起来嚷嚷道："你们为什么给我转学？你们给我转回原来的学校去吧！"

有一次，我看到他的日记，是搬家要离开他童年的地方，他一清早就来到他原来的学校，他这样写道："熟悉的街道，熟悉的树林，甚至连熟悉的空气都将失去。我来到白桦旁，我摸着白桦眼睛般的树皮，是它注视着我的成长；我蹲下看着校园的土地，好像看到我以前玩时留下的脚印……我希望这一起留在脑海，我希望不搬走不转学。唉！我想扭转这现实，但不可能……一阵秋风吹得尘土飞扬，我倍感凄凉。哎，走吧，我扭头飞跑，跑时我仿佛看到我和杨铭画板报弄得满鼻子粉笔末的情景；仿佛看到我玩沙包闹别扭打架的情景……我好想哭，童年即将过去，迎接我的只有闯荡，在新的学校再建我第二'故乡'。"我的心里一下子很沉重。那时，他才是一个上四年级的小学生呀！

在以后长大的日子里，他许多次问过我这样的问题："你说如果当年你不为我转学，我现在会是什么结果？"我说会有两种结果：一是你凭自己的能力仍然能考上好的中学，一是你可能学习就完了，因为重点小学还是为你创造了更好的学习环境和条件。他摇摇头不同意，说："为什么我就不能一样也考上好的中学呢？我觉得我能，你看杨铭（他童年最好的朋友）不也一样考上一所不错的中学了吗？"他也好多次问我这样的问题："你说如果小时候咱家后面没有那一个土城公园，没有那一片树林，对我会是一种什么结局？"我无法想象，因为我在他的日记和作文里多次看到他以无比深情和多少有些伤感地写到那片树林，那是他所有童年的象征。他告诉我说："那也许我会变成另一种人。"我问他为什么，他没有回答。我看他在日记中这样写道："那一座不高的小山，山上一片浓郁的树林和山下几丛常绿的地柏，是我童年全部美好的回忆了。它几乎影响了我整个的审美情趣和对人生理想追求的方向。"当我知道他内心这一切的时候，我很不是滋味，做父母的没有一件事情不是为自己孩子好的，但好心不见得就能取得好的效果，这种落差给父母同时也给孩子造成无法弥补的痛苦。我真是没有想到转学给肖铁带来这样大的心理和性格上的冲击和变化，我也才明白了孩子为什么至今仍然反复怀念童年的小树林。这一切我想会引起人们许多思索。

因此，他要以这段转学的经历写他的第一部长篇小说，是当然的，在我意料之中。他只有这样来写才会写好。问题是怎样写才能写好，面对这一大堆本属于他自己最熟悉最感动的生活，他一下子觉得无从下手。像一团杂乱丛生的毛线团，先抻出一根线头来恐怕是首要的问题，这样的话，才能将乱毛线捋顺，从而选择需要的毛线，进一步才有将毛衣织出来的可能。我问他在转学的事情中，你觉得起初哪一件事情对你刺激最大或者说导致以后你生活变化最重要，他想想说是转学第一天，他戴着中队长符号上学，但下课后班上的中队长当着全班同学的面很不客气地对他说，我们中队委研究了，你现在不是中队长了，你不能戴中队长符号了。我知道这件事情，其实在大人看来是件正常的事情，只是稍简单粗暴了些，但对于一个四年级的小孩子的自尊心的打击是太大了，那天放学回家他什么话也没说，只是悄悄地将中队长符号藏在他的抽屉最下面。我对他说就从这里写起，因为这一天你的生活开始了你意想不到的变化，你该怎么对待？你的父母该怎么对待？你的老师和你的新的同学该如何对待你？一切便都有了中心，也有了悬念，小说就会像一条小河从开始就处于流动状态之中，你就顺着这流向写下去，会好写些，也会写得好一些。

下面要做的事情是人物的设计和情节的安排。这是没有一定之规的，你可以大胆去写你自己想写的一切。我只是向他提出这样一个意见，既然小说要围绕着转校生来写，那么仅仅一个陆小北是不够的，应该有几个也是转校生的同学，他们家庭不一样，性格不一样，碰撞在一起才会更有戏更热闹一些。我开玩笑地引用了一句美国作家霍布斯的话对他说："把成千的动物放在一起，拣除了坏的，地笼子里就不热闹了。"同时我要求他为每个人物写一个简单的小传。结构的搭制、情节的安排，需要写出每一章的详细提纲，不能过于简单，更不能写得空洞，要尽可能多地写出你想到的一切，包括谁先出场，时间、天气、心情、细节等等，宁可想到了用不着，不能写时用到去现想。面对线头较多、人物较多的情况，孩子容易按下葫芦起了瓢。对于肖铁，这是最痛苦的一环，他写了改，改了写。每一章都写了千字左右的提纲，比较详细，耗费的时间也比较多。也许这是写小说的笨法

子，但我觉得对于初学小说的孩子是必备的基本功。

如今，这部小说终于写成了，他用了高一的一个寒假和一个暑假的时间。他和他的小说随日子一起长大了。他知道应该感谢出版社的编辑和那些作家叔叔阿姨对他的帮助，他的汇文中学的老师对他的培养和教育。

我感到欣慰的是孩子并没有因为他的小说写成而且要出版而沾沾自喜，自以为是，将文学和自己都不切实际地膨胀。他的文理科成绩一直很好，并不偏科。同时，他固执地认为文学创作同其他学问是不能相比的。他曾这样对我说："世上有先做学问后写书，有先写书后做学问，有边做学问边写书，有光写书不做学问四种人。你们这些作家大多属于后三种。"他希望自己将来要做好学问，写文章只是生活中的一种爱好，而不想只成为我一样除了写文章别的什么也不会的所谓作家。我为他有这样的想法感到高兴。他应该有他自己的选择，他理应比我们这一代人更强。

在他的小说提纲里曾经写下这样几句话，后来写小说时没有用到——

岁月可以做成一枚标本藏在历史深处；
情感可以做成一枚标本藏在心灵深处；
创伤可以做成一枚标本藏在记忆深处；
银杏做成一枚标本呢？……

现在，可以这样问：小说做成一枚标本呢？就珍藏在他生命的一段轨迹之中吧。那只是他的一次小小的实验。他要走的路还很长，我希望他走好、走远。

1997 年 11 月

生日的翅膀

　　儿子提出今年的生日他不要在家里过，要自己和同学们一起过。16 次生日，他都是在家里和我和他妈妈一起过的，第一次，他要离开家，离开我和他妈妈，自己去过了。我知道，儿子长大了，随日子一起长大了，但多少心里有些失落。

　　儿子的这次生日，早在半个多月前就开始和同学们紧锣密鼓地筹备了。自己动手，比在家里我们帮他过生日要认真，也要有兴趣得多。他们找到一家小饭馆，物美价廉，环境也不错。那一天生日的时候，一清早就出去了，准备先到北海划船，然后再去聚餐。那些同学也早就一个电话接一个电话打来，热线联系，为他准备好了生日礼物。一位同学为了他这个生日，本来全家要到南戴河去避暑疗养，任爸爸妈妈一劝再劝，愣是忍痛割爱，毫不犹豫，留下来陪他。另一位同学和家人在西安度假，电话里得知他的生日，自己提前赶在他生日的那一天回到北京。而有一位同学怎么找也找不到，以为刚放暑假把曾经对她讲过的生日的事忘记了，便不抱希望，谁知生日的前一天晚上，这位同学打来电话，她是特意从老家赶回来的，刚刚进家门……

　　这就是孩子！只有孩子才会有这样的热情，这样的认真，这样的纯真，将一个普通的生日化作了一种友谊、一种承诺、一种

象征。如果我是儿子，知道有这么些同学如此对待自己的生日，我也会毫不犹豫地离开家和同学们聚会在一起。当我知道这一切，我不再责备儿子，而是有些羡慕他。

生日那天，儿子和他的同学在那家小饭馆里一直热闹到很晚。第一次他的生日，家里缺少了他，一下子显得冷清了许多，但我可以想象得到儿子那里点燃着的生日蛋糕上的红红的蜡烛在跳跃着生命的火焰，和那里洋溢着只有青春才会拥有的活力、朝气和欢乐。我知道，这是家里无法给予他的。家里可以给予他无限的温馨、欢快和富有，却难以给予他这些。一片叶子即使在再温煦柔和的风中也难奏响悦耳的乐章，只有将树上那一片片叶子聚合在一起，才会在风中翩翩细语，诉说着不尽的话题，摇响着一片他们彼此听得懂的动人的音乐……

那天晚上 11 点多的时候，儿子在那家小饭馆里给我打来一个电话，嗡嗡的话筒里，可以听得见欢笑声，想来儿子他们玩得正开心。儿子告诉我：他们正聊到兴头上，他想今天晚上不回家住了，他要到一个同学家去住，可以接着兴致勃勃地聊个海阔天空。他问我行吗？我该怎样回答？我不能说不行吗？我虽然有些不大情愿，有些无可奈何，但最后我还是答应了儿子生日这一天唯一向我提出的要求。即使我多少有些伤感，但孩子毕竟已经长大，比我们想象的要飞快地长大。再美好温暖的家，也只是孩子成长的第一站，孩子总是要像鸟一样离开家飞走的。我知道这时候送给孩子最好的生日礼物，就是送他一对飞翔的翅膀。

1996 年 8 月 21 日于北京

雨滴淅沥

　　我相信孩子天生都是诗人。道理很简单，用童心感受生活、以纯真看待世界，往往便是浑然天成、不事雕琢的诗。

　　记得我的儿子小铁四五岁时，识字还不多，我拿台录音机对着他说："你随便讲，讲有意思的事，我给你录下音留起来，等你长大时再听该多有意思呀！"这主意不错，他挺感兴趣。那时，他刚从动物园回家，满脑子里都还是猴子大象，我就对他说："你就说说动物园里什么动物给你的印象最深，随便形容形容，瞎说八道也行！"他想想说："我说白熊吧。白熊白熊，你为什么这么白？是北极的冰雪把你染的吧？"

　　我一听大乐，连声称赞他。这不是诗是什么呢？

　　记得那时小铁说了句"火苗跳出火炉"什么的比喻极风趣的话，我偶尔说给诗人傅天琳听，她立刻说："这是一句很好的诗，以后我用进我的诗里。"这给我挺大的启发，回家后对孩子说了，鼓励了他一番。谁不愿听表扬呢？大人上了光荣榜之类还高兴得屁颠屁颠，何况孩子！

　　诗心，需要鼓励，小苗便能长成大树。

　　孩子渐渐喜欢上了诗，以致现在都不怎么爱看小说。傅天琳曾送我一本她的诗集《在孩子和世界之间》，小铁识字之后成了

87

他百看不厌的课外读物。即便现在他已经上了中学，问他最喜欢谁的诗，他脱口而出的第一位诗人便是傅天琳。这本诗集伴他度过童年。傅天琳是他未曾谋面的老师。

四年级时，小铁已经读了不少的诗。我对他说："读过的好诗，我看你还常读，一本一本翻多麻烦！我给你一个本，你把喜欢的诗抄在本上，什么时候想读什么时候翻就方便多了！"他觉得这主意不错，开始往本上抄诗。当然，第一首抄的是傅天琳的《我是男子汉》。

不过，那实在是一本随便找给他的笔记本，太破旧了。牛皮纸面，新闻纸芯，印制、装订都极粗糙。厚厚一本快抄满美好的诗句时，孩子十分不满意这个笔记本，觉得像个本来挺美却受人冷落的灰姑娘。我后悔当初未经细细考虑和挑选，随手给孩子一本我都不怎么用的工作笔记。

已经是六年级，功课紧了，诗兴并未委顿，只是抄诗的劲头大不如以前。除那个本太无色彩使他兴趣锐减之外，孩子生性跳跃多变，极易转移。保持一种良好的习惯，毅力是必要的，但他毕竟不是大人。燃起他新的兴趣和热情，需要有点儿新的刺激。人的成长离不开刺激，比如表扬和责骂、友谊和爱情、生老病死或悲欢离合。大小不一的刺激是人成长的催化剂。生活太呆板、平淡，孩子自然缺乏生气。让孩子经常不断能够眼睛突然一亮，觉得世界如此丰富神奇，而不要如父辈一样被生活压榨成了风干的鱼，激不起一点儿想象力。太生活化的孩子，其实是我们家长太物化，便将孩子天生存有的诗心碾作尘泥了。

那一年春天，我到上海出差，到了几家大商场，为孩子买回一本极漂亮精致的日记本。48开窄长条秀气玲珑的小开本，封面印着一幅夏日金黄田野上的母子图，内芯每一页都印有朦胧而清新的风景画。对比上一个笔记本，灰姑娘变成美人鱼了。我自信拿回家孩子一定喜欢。光喜欢不够，我又想出这样一个主意：让儿子自己编一本诗集。

我指着书柜里许多本装帧精美的诗集对孩子说："这些都是大人编的，今天你自己编一本，一定比他们编得更适合你自己看。编诗也是一种本事呢，不是抄上完事！编好了，别人看也有收获，你这本诗集就成了你的宝贝呢！"

儿子果然受到新的刺激，有了新的兴趣，他对这本日记本爱不释手，新本又有新花样而不是重蹈覆辙，他格外来情绪。他先从上一本诗集中精选出他认为好的几首诗。看看他挑选的诗，够苛刻的，但确实是不错的诗。比如傅天琳的《我是男子汉》："我会举起长长的陀螺鞭子/把不听话的风赶到没有灯光的角落/让它罚站……"比如李琦的《给女儿》："想着你的小脚趾就要踩那长路/孩子，我多么心疼/那条路上如果有树/每一片叶子/都是妈妈闭不上的眼睛……"让我看了也感动。

节假日里抄上一首诗，成了孩子的乐趣。每首诗前面，他都用彩笔画一幅题图，正经比大人编的诗集还要漂亮耐看。一年多下来，居然快抄满一本。自己劳动自己收获的果实，自然格外珍爱，当然，他不时需要我帮助，替他挑选一些好诗。不过，要想进入他这本诗集还挺难，一点儿不比进入奥运会决赛圈容易。有时翻遍新到的好些本杂志，好容易挑上几首诗，被他一句话就否定了。按照他的标准，这些杂志诗的专栏干脆都甭办了，那些诗人也都洗手不干改行做别的算了。不过，听他诉说了一下理由，不是没道理。比如我找了一首题为《友谊》的诗，一口就被他毙掉，说自打唐朝就把人相互借鉴比成镜子了。好诗确实寥若晨星，因此，虽一次次被他无情"枪毙"，心里却挺高兴。编诗，

让孩子鉴赏力提高。而他能够一次次理直气壮"枪毙"了我的精选，其乐也融融，仿佛一场乒乓球赛，我击过的球被他扣回得分一般。孩子到底还是孩子。

有时，我们也争执，最后让步的还是我。允许他的一份偏颇和固执，况且编选这本诗集的毕竟是他而不是我，我没必要越俎代庖，更没必要强加于人。

只是他够狠的，下刀一点儿不留情。一次，我替他从《十月》杂志上找出几首诗，足有上百行，他嘁哩喀喳，雨打芭蕉一般只删成十几行抄在本上。那首诗名叫《坐在餐桌旁》："人类的牙齿很灿烂/可以吃石头树/可以吃活蹦乱跳的东西/死亡加进了佐料/加进了盐/爆炒之后全无血腥/我盯着盘子/青蛙从冰中融出/城市的某个黄昏/蛙声四起。"而我们俩一起从新华书店里买回一本于·列那尔的散文诗集《胡萝卜须》，厚厚一本书，他只相中《跳蚤》《驴》《蛇》《水蛇》四首，尤其欣赏"蛇"，只三个字——"太长了"。

怎么可以责备他呢？自古一个选家一种眼光，更何况他还是孩子。而且，他的挑剔又不是没有值得我们大人思考或自省的东西！

这本诗集成了他的精品屋。它如一只小鸟，是在他手中孵化出来，啄破蛋壳、羽毛渐丰起来的。浇注着自己的心血，远比任何一本从新华书店买来的现成诗集都要对他更有用处。他在这本诗集前编写了一个目录，并起了个书名叫《雨滴集》。这本诗集不仅成了他写作、办班报、演节目的好帮手，也成了我的一个小伙伴。去年，我为漓江出版社写《生活与写作的奥秘》一本书，它里面的诗便成了我最方便而切实的例证。那滴滴晶莹宛转的雨滴淅淅沥沥滴进儿子的心里，也滴进我的书中。

前几天，儿子忽然心血来潮，翻开他这本宝贝诗集，挑选出其中最为得意的几首，对着录音机朗诵录音。他朗诵得那样投入、富有感情，仿佛进入一片无人之地。当他听自己的录音，连他自己都感动了。他的声音正要变声，清脆之中略带一丝沙哑。我想起他四五岁时的录音，那盘磁带还在。如果对比一听，生命成长的痕迹便如庄稼在夜色中拔节一样，可以看出、可以嗅得、可以听到了。孩子长大了，在不知不觉中长大了。

那一晚，儿子朗诵的声音在星月交辉的夜色中久久回荡。我静静地听，不打搅他。我和他一样感动。我相信那一晚的情景、那一晚的声音，其实就是一首诗。

我们不会天天拥有这样的夜晚。我格外难忘并珍惜。孩子，愿你在嘈杂喧嚣的世界中诗心永存，愿你同样不要忘记曾经拥有过的这本诗集和这个夜晚。

1992 年 10 月 5 日于北京

方寸之间

　　小学五六年级的时候，我喜欢过集邮，正经集过一大本不错的邮票。事过经年，人生颠簸，那一大本邮票早已随岁月流逝，不知飘散到什么地方。集邮的爱好淡忘得几乎连影子都没有了。谁曾想它又会重新闯入我的生活呢？

　　小铁4岁那年，忽然对我收到的许多信件上贴着的邮票感兴趣。他问我这是什么？我告诉他是邮票。那些纪念邮票印得挺好看，他非常喜欢，问我能不能给他玩？我说当然可以。他高兴得立刻伸手要撕那些邮票，我赶忙拦住他："这可不行！一撕邮票就撕坏了！来，我教你怎么揭下这些邮票。"于是，我打来一盆清水，把连着信封剪下来的邮票泡在水中，慢慢地看邮票和信封分家，然后将湿淋淋的邮票贴在玻璃板上风干……

　　儿子第一次集邮就这样开始。他挺新奇，和他以往玩的游戏不尽相同。当那几枚邮票平平整整摆在面前，再看看仍然贴在信封上的邮票，他觉得如同小鸟飞下枝头跑到他身旁玩一样有趣。他向妈妈要了一个月票夹子，把邮票装进去。我想大概如同把巧克力糖装进什么袋里一样，并没有在意。小孩子看什么都会感兴趣，过些天也就忘到脑后了。

　　下面一件事发生之后，我对他刮目相看。一天，他翻他的宝贝月票夹，发现邮票中少了一张，而且言之凿凿地说是张画着马的邮票。原来那几张邮票早在他心头存了档，熟悉得如同熟悉自己的小朋友。大人们谁也没把这当回事，不就几枚邮票嘛！他的大舅平日集邮，一天偶尔发现月票夹里有张马票，正缺这票便随手拿走了。小铁知道票被大舅拿走，非要追回不可。大舅拿了张猫的票换，那不行，一定要完璧归赵。看着小铁动了情地哭天抹泪、不依不饶的样子，全家人都呆住了，谁也没有料到一枚小小的邮票竟有这么大的魔力，死死占据了孩子的心，如此攻而不克。没办法，大舅丢了夫人又折了兵，不仅白搭上一枚猫的票，而且把那枚徐悲鸿的奔马邮票物归原主，小铁方才破涕为笑。

我知道，不能小瞧孩子。童年时的爱好，犹如不知何处吹来的一颗蒲公英种子，悄悄地扎下根。做家长的不该忽视它，更不该损伤它。如果能有意照抚它，或许它便能开出一朵金黄色的花来，即使细小如星，却丰富着他的童年，并会在他今后一生中存留下开不败的记忆与汲取不尽的营养。

我带小铁到王府井的百货大楼，让他挑一本集邮册。他挑了一本蓝色封面上画着小猫吃鱼的儿童集邮册。那是我替他买下的第一本邮册，他的邮票从月票夹中登堂入室。他像大人一样也有了自己的邮册，自然高兴不迭。

那时候，美术馆对面的百花美术商店里卖有一些外票盖销邮票，一般都很便宜。星期天没事的时候，我常带小铁到那里去，买上几套他喜欢的邮票。他的邮册大大丰富起来，每日摆弄他的邮集，如同蜜蜂嗡嗡飞来飞往于花蕾之间。他真的入了迷，总不满足，总让我帮他找邮票，贪得无厌就像《渔夫和金鱼》中的老太婆。在帮他集起日渐其多的邮票的时候，遥远的童年仿佛划着一条小船又悠悠回到我的身边，船上坐着儿子和我两个人，一路

乘风而下的快乐弥漫在方寸之间。

邮票伴小铁进入小学，仿佛已经渗入生命而无法剔除。我第一次感受到孩子爱上一桩事情，远远比大人投入更多的精力和更深的真情。大人往往容易迟钝了爱与好，或者见异思迁，孩子却极天真地难舍难分。拥有一份自己真正喜欢并真心投入的爱好，真是非常美好。对于童年便像灌满露水与汁液的小树，枝叶蓬勃旺盛而不委顿。童年便如一只欢快的鸟，永不知疲倦地飞，学校和家的狭小天地便无限宽广起来。

一年级暑假，小铁忽然异想天开，自己设计起邮票来。或许，他的邮票不多，他太不满足；或许，他想要的邮票图案总也没有，他就自己给自己发行？总之，在那个闷热不雨的夏季，自己设计的邮票给他带来无限快感，尽情挥洒他小小男子汉独霸一方的能力与心气。

他设计的第一套邮票，画了四枚不同神态的小白兔，画得并不出色，却有面值、编号和他自己的邮政：樱花邮政。那时，他正在樱花小学上学。我和他妈妈看了都大大鼓励他一番，他妈妈还自告奋勇说他的邮票上少了一圈齿孔，她用缝纫机帮他一轧就会出现，可以更像正规的邮票了。我又帮他找来许多图案供他参考，他画得更来情绪。对照他收集的邮票，他照葫芦画瓢，设计出长的、方的、三角的、菱形的……除了他最喜欢的动物的，还设计出人物的、水果的、风景的……花花绿绿，琳琅满目，摆放在一起，像摘的果实盈筐，让他自己也兴奋不已。尤其是他画的五张一套的世界著名作家的邮票，正经费了一番苦心，人头像在上方，中间写作家的名字，下方写樱花邮政，分别衬以不同的底色，小小画面上画着普希金、安徒生、泰戈尔、莎士比亚和马克·吐温的头像，还真有些像，只是普希金的鼻头太尖，莎士比亚的脑袋像肿了个包。但他乐不可支,无比珍爱。那是他设计的第十六套邮票。整整一个暑假,这些套自己精心设计的邮票,给他的快乐难以言说。我笑着说他:"人家国家一年才发行这么多套邮票,让你一个暑假都发行完了,速度可够快的!"他说:"我的樱花邮政只有暑假才营业!"他又颇自得地问我:"我画的这些邮票要是真印出来,你说有人买吗?"我说:"当然有人买,没准有的还成为珍邮呢!"我特意给他买了一本胶粘相册,把他设计的这些宝贝邮票贴到相册中,他在册的扉页用彩笔写下歪歪扭扭一行字:我的邮票世界。

他的世界逐渐宽广,邮票载他漂流四海。

这一年,我出国到苏联,给他买回一些邮票。他的小邮册容纳不下,又跑到百货大楼买回一本大人用的邮册。售货小姐笑着问他:"你有这么多邮票吗?买这么大的邮册?"他一仰小脑袋像小公鸡一甩红鸡冠骄傲地说:"当然有!"

这一回,他的外国邮票一下子来自十几个国家。他好比占据那些国家的统治者,不可一世地伏在墙上贴着的世界地图上,把拥有邮票的国家勾画下来,几年坚持下来,他的地盘扩张蔓延至五洲四洋。上小学三四年级时,他已拥有一百五六十个国家和地区的邮票,地图让他勾勾画画得如同小花脸。这些国家属于哪大洲、首都在哪里,他如数家珍。仿佛他从那些个国家刚刚回来,仿佛他就是那些个国家的郡主国王。他找来地理知识的小册子,在他的笔记本中打上表格,把他拥有的国家、首都、人口,以后发展到国花、国鸟、国兽,统统抄在上面。他自己剪下许多小纸片,一面写着国家名称,另一面写着首都,像游戏卡一样自己翻着、背着,仿佛那里面藏着无穷的乐趣,仿佛他比徐霞客还棒,游历了那么多举世闻名的地方!小小邮票竟让他如此富有!

　　最得意的是他拿着他的邮册、笔记本和小小纸片，考我和他的妈妈。当我们一时答不出这些国家的首都，比如倒霉的马达加斯加首都，真记不起塔那那利佛这个绕嘴的名字，他便会手舞足蹈。塔那那利佛，你们都不知道，还是爸爸妈妈呢！孩子迷上了集邮，竟如此莫名其妙地又迷上地理，真是令我始料未及，邮票方寸之间到底藏有多少幽深莫测的魔力，对我一下子像童话中的迷宫！不过是一次偶然的选择，竟会使孩子的心飞进一片百花盛开的幽谷。如果当初忽视、淡漠或伤害了它，会是一种什么情景呢？我只有庆幸，对于大人的偶然，对孩子却可能是必然；对于大人的瞬间，对孩子却可能是永恒。

　　如今，小铁的邮册已经有了十几大本。他已经13岁，童年的集邮，他觉得特幼稚。他早已经不再集地名国家邮票了，而开始像大人一样专题集邮。他的动物邮票分为鱼类、鸟类和哺乳动物三种，已经有了近千枚。他在这方面的知识远远地超过了我，能说得出邮票上这些动物的名称和习性，说得出它们产于哪里。摆弄、翻看这些邮票，他像沉浸在梦幻之中。他在日记中写道："集邮是我最大的爱好。望着这些邮票，我仿佛一会儿漫步在热带雨林，和猴子们玩耍；一会儿又好像来到大草原，和狮子攀谈；一会儿又忽然在原始森林，和成群的野象嬉戏……"

　　看他的日记，我心头注满温暖。我忽然想起小时候带他到自然博物馆，那一年在那里正搞世界动物邮票展览，并专门请来各方面研究动物的专家为群众解答有关动物的问题。那时，他还没有上小学，挤进人群，钻到一位专家的桌前，胆子挺大又非常认真地问人家："老爷爷，您说大象临死前真的会把自己的牙埋起来吗？总鳍鱼上岸后还叫鱼吗？……"令老专家惊异不已，十分喜欢这个如此爱动物的小孩子！老专家耐心听他把问题一个个讲完，又一一解答，解答不上来孩子提出的怪异问题，便像对待大人一样真诚又认真地对他说："这个问题我也不清楚，你可以再问问专门研究这个问题的专家！"那一老一少伏桌问答的情景，宛若一幅动人的画。阳光射进窗来，轻轻流淌在孩子稚气的脸上和老人花白的发上，让我格外感动。也许，在场的人中只有我知道，孩子的爱好与问题都源于邮票，是邮票让他翻了许多书，触摸到由此相连的许多知识！谁能想到呢，邮票竟成了孩子童年无法替代的难得的老师！

节假日，带孩子到集邮市场买邮票，成了比带他到动物园、游乐园更重要的保留节目。在那里，他像一条鱼在海洋里尽情遨游。看他挑选邮票，会使我感受到做父亲在别处绝对品尝不到的内心涌起的情感。当他从一堆邮票中一眼看见一枚鱇鱇的邮票，或者从人家邮册中突然翻到一枚几维鸟的邮票，眼睛会突然一亮，毫不犹豫对我说："爸！买这张！"起初，我没有听清它们叫什么名字，他会非常迅速而简要地向我介绍："几维鸟是新西兰的国鸟，珍稀鸟类；鱇鱇能吃飞鱼！"还有什么能比看到知识对于孩子的作用更让做父亲的欣慰的呢？他长大了，说邮票伴他长大，一点儿不为过。他真的长大了！

他最讨厌邮票市场上那些看不起他的邮商，认为他还是孩子，不让他随便翻邮册。不过，他不会像小时候一样立刻不高兴，而是不屑一顾地走开。如果人家说："小孩子别乱翻，那里的邮票你买不起！"他会反驳一句："我的邮票比你多得多，大概你买不起呢！"

有一次，他买回三张猪、牛、羊的外国邮票，印的样子十分好笑，显得又丑又笨。他把它们放在他的哺乳动物邮册的第一页。我知道他的用意，因为那正分别是我、他妈妈和他的属相。

　　有一次，他忽然心血来潮，抱着他那一大撂邮票，颇为严肃地问我："爸，将来要是我的孩子不喜欢集邮，把我的邮票都倒出去换了钱花可怎么办？"我哈哈大笑起来，反问他："你说怎么办？"他坚决地说："那我就不给他，我得把这些邮票好好藏起来！"

　　亲爱的孩子，把它们藏在哪里呢？藏在你的心里，藏在你的记忆里吧！

1992 年 11 月 5 日于北京

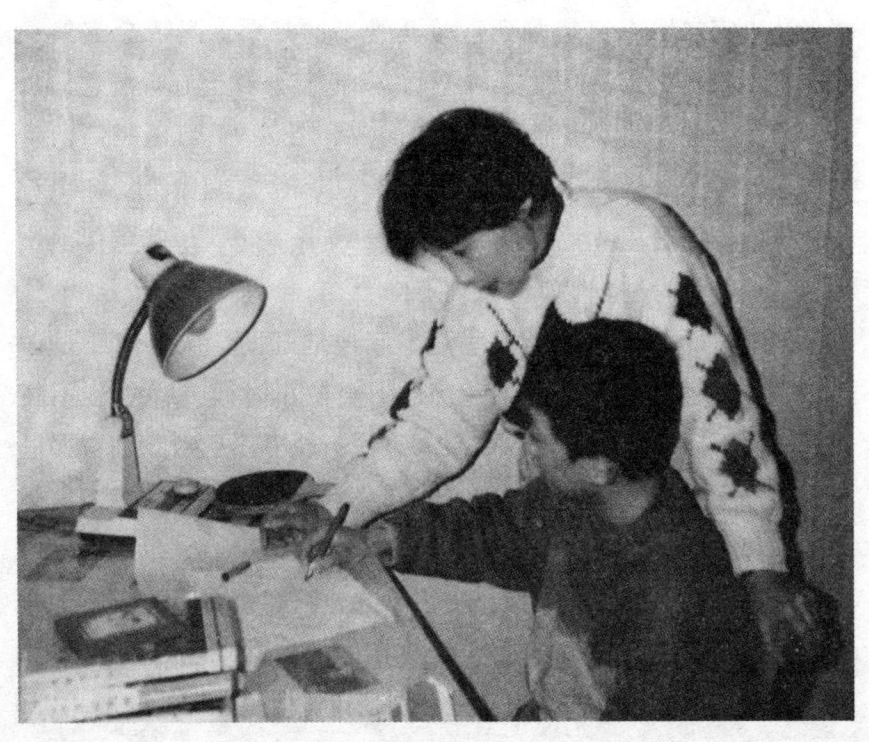

地久天长

　　友情这东西挺怪，可遇而不可求。它不像美人痣，可以与生俱来，而像脚上的泡，是靠自己走出来的。或许，有时那泡并不那么美，甚至还有些疼，但却能体味到滋味儿的无与伦比。

　　一年级时，小铁有个小朋友是同班同学，名叫杨铭。个子小小的，长得瘦瘦的，豆芽菜一样，并不怎么起眼。杨铭爱好动物，他家的阳台上常养着兔子、小鸡、乌龟、蚕……一大堆小动物。于是，用不了多久，我家的阳台上便也快成了小动物园。起初，我只以为他们贪玩，根本没有想到他们的友情就这样开始了。就像不知从哪儿飞来的一粒蒲公英的种子，悄悄地种下了，不知不觉地发芽、长大，待有一天突然开满金黄色的花，才让我大吃一惊！

　　那时候，他们只是一起玩。常常会伏在地上看蚂蚁搬家，一看看上半个多小时不回家；也常常为捉一只红蜻蜓扑打着自己做的一张网，一捉捉上整整一个黄昏……几乎每次他们俩一起出去后回家都是一身土一脸汗。我没有少说小铁，却不知道此刻正是这些不起眼的小动物，已经把两个孩子的心连在了一起。

　　一天下午放学，正是夏日雷阵雨过后，学校门口积了许多水洼。水洼里落进好几只蜜蜂，翅膀全被打湿，无法飞翔。几个调

皮的孩子跑了过来，捉这些已无力抵抗的蜜蜂玩，有的孩子玩腻了就把蜜蜂扔在脚下踩死。孩子有时的残忍也实在令人瞠目。小铁背着书包正从校门出来，一看这样子，连忙招呼杨铭："蜜蜂'集体自杀'了，咱们快救救它们吧！"他们俩却怎么也赶不走这帮恶作剧闹得正欢的孩子。小铁忽然心生一计大叫一声："老师来啦！"孩子才如鸟兽散。杨铭飞快跑回学校，拿来一个纸盒。他们俩把落水的蜜蜂一只只捧到盒中，然后又跑回学校的花坛旁，把蜜蜂一只只放在花朵上。望着它们翅膀上的水渐渐被太阳晒干，嗡嗡飞走，他们高兴得像路见不平、拔刀相助的圣斗士或者忍者神龟之类行侠仗义的英雄。

这天放学回家，小铁把他和杨铭这桩英雄壮举告诉我，我并没有觉得什么了不起，只是对他说："这事挺有意思，你应该记在今天的日记里，以后写作文是个好材料！"当家长的，有时候就如一架惯性的老钟，不管什么时候，不管什么事，总要自以为是地打点响鸣，把一切都纳入学习的轨道，孩子从小就被钉在了家长的靶位上。我也是这样难以免俗，却完全忽略了这几只淋湿了翅膀的蜜蜂的作用，可不仅仅是一篇作文！

孩子不管大人，任你去自鸣得意虬枝老干缀满花朵！他们只要一缕新绿，涂抹在刚刚苏醒的感情的土壤上。孩子有时会按照你的旨意去办，但心里想的往往与家长是两股道上跑的车。

大约半年多过去，小铁上四年级了。一天，杨铭送给他十几只蚕。雪白的蚕在纸盒里蠕动着，说老实话，我觉得和毛毛虫没有什么两样，产生不出什么春蚕到死丝方尽的美感和冲动，一任他们俩手舞足蹈。他们先是摆弄电子玩具一样摆弄个够，似乎这十几只蚕能够为他们表演什么精彩的舞蹈，列成阅兵式的方阵。然后，他们跑下楼，说是找桑叶喂蚕，跑了一圈没找到桑树，回到楼前，一棵新栽上不久的小桑树就在眼前，他们为自己视而不见、舍近求远而大笑。接着，是喂蚕：杨铭嘱咐他桑叶一定要保鲜，他便把桑叶放进冰箱里；杨铭又嘱咐他桑叶刚从冰箱里取出会太凉，蚕吃了要拉稀，他便提前三十分钟把桑叶取出来，泡在水里，让桑叶慢慢变暖、湿润。蚕吃桑叶时，他们俩又不甘寂寞，突发奇想要做个实验，看看蚕是不是只吃桑叶。小铁先找来一片白菜叶，杨铭又找来一片杨树叶，蚕蠕动着肥胖的身体慢慢爬了过来，头动动，好像在嗅，却一摆身子走开了。他们这才拿出桑叶，好家伙，蚕如饿虎扑食，立刻爬上桑叶贪婪地吃了起来，沙沙的声响激起他们欢快的笑声。

几个星期过后，蚕开始结茧了。一次，小铁拿出几只还没成茧的蚕放在写字台上，想让它们晒晒太阳、散散步。孩子毕竟是孩子，那些蚕像是他的幼儿园小朋友一样呢！他完全把它们拟人化，童话书才永远畅销不衰。也许，动物确实有着自身独特的语言，成人无法破译，而只有他和杨铭能够听懂，便有了交流的乐趣。

但是，这一次，小铁犯了一个错误，他光顾着高兴地玩，粗心大意把蚕放回瓶中的时候忘记数一数数。一只蚕忘记放回家。第二天清早起床一看，写字台上一片白，白中还有一个小红点。原来，蚕因为没有支架无法织成椭圆形的茧，只得织成一个平面。蚕死了。这一天下午放学，小铁带杨铭回家看这只被他粗心害死的蚕，两个小伙伴沉默伤心了许久。

我不敢小瞧他们，不敢看他们那双忧郁的眼睛。我相信动物有时也会说话，我相信只有童心才能够感应。童年友情的桥梁，对不同孩子会有不同样，对于他们，就是这些我平常并不怎么注意的蜜蜂、蚕，或者小乌龟之类的小动物。

六年级第一学期，要搬家，我给小铁转了另一所学校。告别

的时候，杨铭送给小铁一本相册；小铁送给杨铭一本集邮册。上面都写着"童年友谊一世长存"滚烫的语句。我想这不过是一般常见、甚至过于雷同化的分别时友谊的表达方式。这可以是友谊进一步的开始，也可以是退一步的结束。

我没有想到孩子的感情会真如磁针一样顽固。分别没多久，一到星期天，小铁总是磨我和他妈妈带他回老家，那样就可以又见到杨铭了。那时候，因为手续没一下办利索，需要回去就顺便带上他。他便高兴得如同过年。但千里搭凉棚，没有不散的筵席，终有要彻底告别的那一天呀！这一个星期天回去时，说好了下周四再来一趟，一切手续便画句号了，小铁一头扎进杨铭家，小鸟一样叽叽喳喳说着不知什么样的悄悄话。这一天的日记，他这样写道："朋友啊朋友！况且是五年的好朋友！开始的时候，我只想着我喜欢他，不用说他也一定对我好。其实他跟我很好。我们约好了下星期四再见，可能那是最后一面了。同在一座北京城，却容不下我们在一起，这是为什么？我不明白，也不想明白。"

读完这则日记，我的心头沉甸甸的。我知道那是友情的分量。

那一个星期四的下午，杨铭把早已准备好的一株吊兰包好，送给了小铁，临分手时一再叮嘱小铁怎么浇水、怎么养。

转眼一年半过去了。吊兰已经渐渐长大。刚来时，放在小铁白色书柜上面，只露一角短短的绿枝，如今悬垂如瀑，绿白相间，分外醒目。每日那吊兰都扑入眼帘，那里面有朋友抹不掉的影子。只是搬家之后，正在京城南北的对角线上，相隔三四十里地，不是个近道。小哥俩只好把相见的时间约在假期。平常，挂个电话，或通封信。彼此有个好消息，都想马上告诉对方。心中有一个常常挂牵的人，并不是蜗牛身上驮的壳成为负担。而是树枝上开出的花，映出、散发人生的色彩与芬芳。

小铁学会了打乒乓球，而且球艺突飞猛进，他最想告诉的便是杨铭，而且特别想和杨铭较量一番。那个星期天，杨铭本来说好要同爸爸妈妈一起到姥姥家的，接到小铁打去的电话，顶着风还是从城北跑到城南。我明白，那一场球即使是马文革或邓亚萍来和小铁打，也绝对不能同日而语。那是心与心的碰撞，是任何人无法替代的，是一种无言的交流，是一种渴盼的回声，是想念那雨雨便飘曳而来，是向往湖水荡漾湖水便荡起一圈圈涟漪……

这便是友情。

快放暑假了。他们都忙于升中学的紧张考试。小铁养了一盆法国蜗牛，一直想送给杨铭。他对我说："杨铭比我会养，送给他一定比我养得好！"可忙于考试，蜗牛等得不耐烦了，常常迫不及待地顶出盆盖，爬满一阳台。每逢这时，他总要说："要是杨铭养，就不会这么狼狈！"

终于熬到放暑假了。第一件事去找杨铭。那一天，他把蜗牛放进一个大玻璃罐里，怕盖上盖不透气把蜗牛闷死，就改用纸盖上，在纸上面扎了许多孔。怕蜗牛半路饿着，他又找了一些黄瓜块塞进瓶里。这一切，仍不让他放心，总觉得它们在玻璃罐里挤得太厉害了。临出门前，索性把它们都倒进一个大牛皮纸袋里，宽宽绰绰的，心里方才踏实。提着这一大包法国蜗牛，三四十里路，要换好几回车，他独自一人上路了……

说心里话，那一天，望着他消失在车水马龙中的背影，我异常感动。我想起我的童年，我的童年时的伙伴。任何感情都是一种物质，并非看不见摸不着。它需要时间的滋养液，因为时间本身就是物质。感情绝不是鞭炮一点即着，瞬息之间便胜利完成，而是要在时间的长河里一点点成长。因此，我不大相信萍水相逢

的感情，更看不中成人中酒肉间的感情。成人中间的关系，很可能只是关系，时间一久，就会像茶越冲越淡。唯有童年之间的朋友友情，是人间感情至诚美好的感情，像酒，只会随时间的久远而越发醇厚。我不知道小铁是不是懂得了这人生的奥秘，能够在这条友情的路上走多远。我为他这天这份情感和举动而欣慰、感动。没有友谊的童年，是没有花开的花园，没有鸟鸣的树林，没有雪飘的冬季，没有鸽哨的天空。他终于拥有这一份友情。

人世间还会有爱情、亲情、激情、师生情乃至更多的同志情和人情。我却顽固地认为：只有童年的友情最不带任何世故和丝毫利害关系，因而更纯洁美好。那是人性中最天然最未受污染最圣洁的情感。犹如一朵清新难再的莫奈和周敦颐的莲花。会有一天，我和孩子都会垂垂老矣，那一朵莲花会渐渐离我们远去，以致朦胧得几乎望不见，但只要想到它，只要不淡忘它，它便会温暖我们的心，激荡我们的生命，围起一圈抵御四周涨涌的物欲横流、市侩滋生、庸俗泛滥而真情稀薄如同缺氧的高山大漠的长城，我们便不会自我击败而仅沦落为高级动物。我们便会懂得有些感情可以如绚烂的节日礼花转瞬即逝，而唯有童年的友情会如树的年轮，刻进霜晨露夕，刻进日月星辰，而长大而不老而地久天长！

同时，我顽固地认为：如果连童年友情都不懂得珍惜也不会珍惜的人，上述一切感情便也难珍惜和保护，任何的感情便都很可能成为换季的流行时装和点缀的时令瓜果。

孩子，总有一天你会长大！你知道此刻正回荡在我心头的是一支什么样无法让人忘记无法不让人感动的乐曲吗？是的！是苏格兰的那支唱了上百年的民歌——《地久天长》！

1992 年 12 月 5 日于北京

学画纪事

现代家庭的独生子女，在孩提时几乎没有没学过画画的。背着画夹，提着画笔，煞有介事的样子，似乎个个能成为毕加索或齐白石。

我也自难免流俗。

大约是小铁5岁那一年的春节，妈妈带他到同在北大荒一起插过队的老同学家玩。同学的女儿比小铁大三四岁，教他画国画。都是孩子，一个大胆地教，一个胆大地画，无所顾忌，墨渍水晕，汪洋恣肆，小铁抱回家一幅他新画得的大写意小毛驴来。在他看来，画画就是这样简单、好玩，犹如游戏一样。

说实话，我一直以为画画挺难学。我上学的时候，各门功课都不错，唯独图画一般，任凭使出吃奶的劲儿，从未得过一次5分。在我的印象中，大写意虽是淡淡几笔，却不易掌握。

见有些不大相信，他立刻找出画具，铺开画纸，先用笔蘸上清水，勾成小毛驴的轮廓，再用浓墨画出小毛驴的脑袋，用淡墨画出身子和腿。浓墨落在洇有清水的宣纸上，四散的墨迹真像是小毛驴身上长出来的绒毛。

"怎么样？挺容易吧？爸爸，我教你画吧！浓淡墨，多有意思！"

　　从他嘴里，我第一次晓得了"浓淡墨"这个词。从这以后，家里桌上多了马头牌国画色、小白云、点梅画笔，以及齐白石、王雪涛的画册。而到美术馆看画展，成了全家节日里的保留节目。每次进门之前，他都要说："我们一人看一幅最好的画，记住了回家画，看谁画得好！"说来也怪，在孩子的影响下，我的国画水平正经有了提高，画的猫呀、鹰呀，像那么回事。他妈妈画的枇杷、山茶，也栩栩如生。

　　在那整整两年的时光里，画，给全家增添了欢乐。屋里的墙上、柜里、窗上、门上，几乎挂满了画。我们和孩子几乎生活在由色彩与光线组成的另一个世界里。即使是数九隆冬、大雪封门之际，无法外出，守着家里那一堆颜色，也让我和孩子感受到融融的暖意。每年春节，小铁都要趴在地上，将他画的那些画选来选去，办一个迎春画展，邀来他的同学、我的朋友参观。这更成了全家的一件乐事。

　　画画，同其他艺术形式一样，极易将生活的某一面夸张变形，使人陶醉于自己诗化、幻化的另一世界，而使自己忘乎所以，跌进泥潭还以为是陷进席梦思软床。

　　尤其是那一年的春天，孩子的两幅国画《一休和熊猫》《老师和孩子》被选送到日本展览，而我画的一幅芭蕉公鸡图居然也挂进美术馆中，参加了中国作家书画展。我和孩子的心都膨胀了。本不过是一只小小的无帆无篷的纸船，我们，尤其是我误以为是三桅帆船，会迎风破浪，会挂满阳光，会驶向多么遥远、多么辉煌的远方呢！

　　这是许多家长极易犯的错误，我不过是重蹈覆辙。

　　孩子天生都是画家。用一颗童心和一双天真烂漫的眼睛去感受、观察的生活，再现于画纸上，都是与成人世界迥异的画面。

只是当孩子长大以后，由于主客观两方面的制约和选择，真正能够成为画家的寥寥无几。我们无视这一近乎残酷的现实，而被大肆宣传浓度过量的所谓神童小画家之类的一时成功所迷惑，极易拔苗助长、越俎代庖，或急于求成、望子成龙。

一次，小铁画熊猫，几次下笔墨过于浓而将本来就黑的眼睛黑成一团，有眼而无珠。而腿也由于墨过于浓，粗壮成树桩。换了几张宣纸，依然如故。我一把夺过他手中的画笔，生气地冲他喊："你怎么这么笨呀？少蘸点儿墨不行吗？"说着，我自以为是地在纸上为他做着示范："看，这样画懂不懂？"

他眼泪汪汪的，听完我的训斥，重新拿起画笔。我发现他的手开始有些发抖，那熊猫已经画得面目皆非，只剩下一片墨迹。

每逢这时候，都是他妈妈走过来打圆场："孩子画画，画成什么样就是什么样，哪有你这么严格的？都画成吴作人的熊猫就好？"然后对小铁说："你甭听你爸爸瞎嚷嚷，想怎么画就怎么画。这腿不是墨多了吗？多就多；你接着画，画成粗腿怎么就不行？"

小铁接着画，本来盘腿坐的腿，让他画成行走的腿。虽然那走的姿态极不协调，却充满笨拙的稚趣，倒更像孩子心目中的熊猫。

孩子破涕为笑。

但是，全家画画的气氛已大大不如从前。以往那种人画合一、物我两忘的欢快气氛，似乎随岁月流逝而逝去，无法追回。我知道那是由于我有了功利色彩的掺杂，画面的色彩再不纯真。本来孩子是我的画画老师，一旦家长又恢复了老师的面目，该是多么的不可救药！

一晃，小铁上了四年级。画画，虽然依然是他的业余爱好，

但大大不如以前那么投入和痴迷了。他渐渐爱上了集邮、动物、历史……生活像海，在他面前呈现得越来越宽广，供他选择的便越来越多。除了学校里办报、新年画贺卡他动动画笔，画画，对于他越来越遥远，像一只飞远的红风筝。

我知道这是无可奈何的事。我曾自责是否由于以前的一时粗暴。其实，这是一种自然和必然。强扭的瓜不甜，对于孩子的成长，一生要面临多次，不要误以为炫目一时的一次便是命中注定的唯一一次。

一次，学校举办画展，我对小铁说："你还不画一幅参加展览?"他似乎连想都没想便回答我："我不想参加!"我说："你是不是觉得自己画得不行，拿不了奖了?"他说："不是! 我只是不想了!"

孩子想的、做的，就是这样简单明了。他的爱好带有多变性，如同夏天的云彩。我明白了，当家长的明智做法，便是尊重孩子的选择，而不必非将他的手绑在自己的脑袋上，按自己的模式去生产家长的拷贝。

画，如同一群乳燕出谷，在我家中热闹过一阵又飞走了一样，渐渐在我家中淡漠了。油彩、画笔、印章……几乎都落满尘土。只是在搬家时翻出一卷卷孩子和我们一起画过的那些画，依稀记载着童年的梦，孩子就那么毅然决然与他曾经付出过心血的绘画告别，虽让我惋惜和无奈，但我也只是稍稍觉得孩子对于画有些过于绝断的无情。

今年，孩子已经步入中学。秋天，正要期中考试的时候，世界名画真迹展览在美术馆举行。没想到，小铁拉着我和他叔叔星期天一大早就要去参观。

我说："明儿你还要考试……"他说："我下午回家复习，不耽误!"

我们去了。虽然 8 元钱一张门票,依然门庭若市。这让小铁格外振奋。有生以来,他第一次见到世界名画的真迹。

他在日记中这样记着吕凯尔特的《古典式风景》给他的感受:"站在画前,仿佛能听见树的呼吸,牛羊的语言,云和云的喃喃细语。仿佛置身于云中、风中,找不到自己的外形,只有自然和我。画面占有最重要位置的三棵树,颜色的不同明显表达出三棵树的不同位置。第一棵古老苍劲,叶子绿中闪着金黄,仿佛看得见阳光在上面跳跃。第二棵叶子绿油油的,好像站在第一棵后面少了阳光。第三棵叶子灰绿,枝干已被前面的树挡住许多,只露出几片叶子探着头。每片叶子都能找到它的树枝,三棵树像三个人穿着不同的衣服,再怎么放置,也不会张冠李戴。"

他写莫奈的《睡莲》:"远近一片白、一片朦胧,只有中央一朵粉红色的睡莲,花瓣似张非张,像一个羞答答的小姑娘刚刚睡醒,一半在梦里一半在梦外。花的前后全是雾,不禁使人想象那里边是否有更多更美的睡莲?是否有七个小矮人和白雪公主的家?是否有尼尔斯骑的大白鹅?是否还有个莫奈,画着一片朦胧?"

我突然感到一阵欣慰。画,并没有远离开他。并非非要成为个画家。画对于孩子的收获在于童年的充实、未来的憧憬和对日益喧嚣、物欲横流生活中美好的感受与追求。

画,毕竟伴他度过了童年。他并非一无所获。

1993 年元旦于北京

节日之夜

　　即便儿子有父辈再多的遗传基因，也会有许多迥异之处，不仅不会成为父亲的拷贝，而且有时会令父亲十分无奈。

　　小时候，逢年过节，到处都是卖烟花爆竹的。我不大喜爱放爆竹。除了几分钱可以买一把的"耗子屎"（一种灰色泥制的小粒花，一点着蹿出几星火光，最为便宜）之外，我几乎未曾燃放过任何烟花爆竹。那时，爸爸常对我说："放炮放花都是给别人听响给别人看，傻小子才放！"其实，我知道是家里生活艰难，父亲手头紧，又好锔着面子罢了。他有他那一辈人的生活哲学。我不戳穿他，也知道磨下大天什么用没有。只好在一次次眼巴巴着看别人放花炮中把童年送走。渐渐地，自尊心悄悄长大，连看别人放炮放花都不看了。每到春节来临，只是独自一人躲在家中，越来越冷淡了花炮，甚至一听见爆竹震天价响，心里就有几分反感。大概是吃不着葡萄的心理作祟吧，要不就是从未体会过燃放鞭炮时那种童心洋溢的真正欢乐。

　　那时候，小伙伴不知其中奥秘，常常嘲笑我胆小，连听放炮都不敢，还有这样不中用的小男孩吗？

　　一晃，我自己的儿子长到当年我一样大的年纪了。

　　他可不管那一套，任什么样的烟花爆竹也要放个热火朝天。

那里面炸响的雷鸣、喷涌的焰火，似乎是他自己燃放不尽的兴致和劲头。元旦一过，他就开始张罗买烟花爆竹。这些年各种玩样儿推陈出新，琳琅满目，越发买不胜买。他便像要尝遍夏季里冒出来的各式各样冰激凌一样，要把爆竹一样买一点儿尝鲜。独生子女，又是小男孩，占有欲和好奇心永远是两条没有尽头的射线。

每逢看到他这样人心不足蛇吞象的时候，我总要用当年父亲教育我的那一番哲理说儿子小铁。他都要不屑一顾地撇撇嘴，然后照买不误，我行我素。看他抱回一堆烟花爆竹，我常笑自己，也感叹上一代人与下一代人实在是两座遥遥对峙的山，无法重叠一起。小铁对他爷爷那一辈老人无情的嘲讽，让我感到心颤，如冷风袭来一般。

每次春节时放炮，小铁都要拽上我。我真不大感兴趣。他妈妈在一旁劝我："去吧，孩子一人下楼放炮多孤单！"我才和孩子一起下楼，但只是看他放。他让我点个爆竹凑凑热闹，我摇摇头，仍然看他放，不时嘱咐他小心点儿，别崩着眼！他就笑我："爸，你真胆小！"这样几个来回，小铁和我放炮索然无味，索性不叫我，每每只是自己一人跑下楼，独自一人享受火树银花不夜天的乐趣。有什么办法呢！

"这就是你的儿子，一点儿也不像你小时候吧？"他妈妈也常这样笑我。

一年一度的春节买炮放炮，直到去年达到高潮。小铁六年级了，过了节再上一学期学，就要小学毕业。他似乎要最后抓住童年的尾巴好好痛快一番，竟磨着妈妈买回那么多烟花爆竹。一见他采购归来，我心中先兀自冒火，这也太铺张了！他却全然不管，如同刚刚进山挖宝或到森林中采得蘑菇野果盈筐一样，抑制

不住喜悦向我一一介绍他的收获："这叫三角菊花，这叫空中舞台，这叫大地开花，这叫黄莺、蝴蝶、绣球、玉兰、坦克、彩明珠、满天星……"

我不忍心扫他的兴，涌到嗓子眼儿的责骂又咽了下去。我没见过也没听说过这么名目繁多的烟花爆竹。小时候，我只知道"耗子屎"。

小铁开始忙活。这些烟花爆竹成了他过年最好的礼物。他像妈妈准备过年聚会的鸡鸭鱼肉烟酒果品一样，将这些烟花爆竹分门别类、搭配得当，摊成四份，装进四个纸盒中。我问他这是干什么？他告我说："大年三十、正月初一、破五、十五，我分四次放！"小孩自有小孩的小九九，将这些烟花爆竹像切年糕一样分成四份，连同自己过年的情致一并分给赠予节日的夜空。除了羡慕他，我还能再说什么呢？童年，是一只风筝一只鸟，不可能永远飞翔在自己的天空，说飞走就飞得杳无踪影。

大年三十之夜，整十二点的时候，小铁兜里揣着大地开花、玉兰、绣球几种花炮，像赛跑运动员听到炮响发号令一样，立刻跑下楼。这时候，我真感谢我们的祖先创造了春节这一节日！虽然，它再燃不起我什么乐趣，却能给孩子童话一般的神奇和欢乐！这一夜，将与一年三百六十五天平庸的日子截然不同！节日，永远只属于孩子！

不一会儿，小铁跑上楼，气喘吁吁，急不可耐地抱起另三盒烟花爆竹又要跑出屋。我挺奇怪，拦住他问："这些不是要初一、破五、十五时再放吗？怎么沉不住气了？"他却甩开我的手："你甭管！"我一听，有些急："放炮也不能这么放呀！你看你放得心都野了！"他也急了："你不懂！"我更急了："我不懂什么呀？我看你就是放炮放得越来越没有节制了！"

火赶火，气拱气，我们俩相持不下。他妈妈走过来："大过年的，你们这是吵什么呀！"然后先对我说："你就让他放去吧，早放完踏实，肉烂在锅里，反正一回事！"又对小铁说："你就告诉你爸爸，怎么突然想起今儿非一堆儿放完！"这是他妈妈的拿手戏，抹抹稀泥，便化干戈为玉帛。

我不拦小铁了。小铁倒有些不好意思，先不忙走，简要洁说告诉我："刚才下楼，香怎么也点不着，风挺大的，急死我了！一个老爷爷走过来，用打火机帮我把香点着。我把七朵玉兰放完，香又被风吹灭，老爷爷又走过来帮我把香点着，我才发现老爷爷一直站在楼角里。我对老爷爷说了声谢谢，他对我也说了声谢谢。我挺奇怪，问他您帮我点香我该谢您，您怎么反倒谢我？他说我看你放花当然谢你了！说着他摸摸我的头叹了口气！我更奇怪了。我放完花，他还一直站在楼角那里。我要上楼了，他还不走。我就问了一句：'您怎么不回家呀？'他冲我摇摇头，说了句：'回家干吗呀，没一个人！在这儿还能看看放花！'……"

我明白了。孩子有一颗敏感而善良的心。他是看到老人的孤单，跑回家抱走原想日后放的烟花爆竹，和老人一起燃放干净。节日之夜本该只有欢乐，不该有寂寞与孤单！

绿灯放行。我有什么理由阻拦他呢？虽然他并不认识那位老爷爷，燃着的香火，燃放升空的焰火，沟通着一老一少的心，还有什么比这更让这节日之夜感到温馨的慰藉呢？真的，我头一次感到烟花爆竹还有这样意想不到的功能。俯在阳台上，我看到楼下黑影憧憧中小铁瘦小的身影旁有一位老人老迈的影子。忽然，火星一亮，显然又是老人帮他点着了香。然后，一老一少蹲下身，只见火花不住扑闪，两人搀扶着跑开，那花便"砰"的一声蹿上瓦蓝色的夜空，绽开锦簇花团。我觉得那礼花有着说不出的

美丽。我就一直站在阳台上，看这一老一少一次次点燃烟花、一次次跑开、一次次把五颜六色的礼花送上没有月亮却有繁星万点的夜空……

事后，我曾问小铁你怎么认定老人一定孤零零呢？他告诉我："谁家的老爷爷大过年的一个人跑到楼下看小孩放花？起码也得领着个孩子吧！"我又问："你问过老爷爷为什么一个人跑到楼下吗？"他说："我没问。大过年的，干吗要问人家不高兴的事？我猜他不会没有孩子，只不过孩子不孝顺，大过年的都不来看看老人，够可恶的！"

我紧紧搂住了孩子。我忽然想起父亲当年的话："放花都是给别人看，傻小子才放花！"父亲错了，放花给别人看，有时也是桩美好的事。礼花腾空，虽然转瞬即逝，构成的那彩色世界，却是成人天地中远逝或少有的缤纷童话或梦境。我又带小铁出去买了许多花。

弹指之间，一年又过去了，春节又到了，小铁升入了初一。奇怪的是，今年他没有买一点儿烟花爆竹。我没有问他，也猜不透，他是怕再在大年夜见到老人孤寂的身影呢，还是已经长大，告别了迷恋烟花爆竹的童年？

1993 年春节写于北京

绿叶书签

常像风一样漂泊，浪迹天涯。每次出差前，我都要问小铁需要些什么礼物带回来？他几乎每次都毫不犹豫地说："树叶！北京没有的树叶！"

天知道，他为什么突然间又喜欢上树叶！我曾经问过他，他告诉我："二年级自然考试，我做了一本树叶标本，有榆树叶、桃树叶、杨树叶等等好些。老师看后在全班表扬我说：'肖铁做的树叶标本多好啊！虽然树叶很平常，但是他自己动手做的，而且做得很认真……'"

孩子的心是一张白纸，有时不经意的一笔便会在纸上出现意想不到的效果。孩子的兴趣是一串爆竹，有时随便一句话可能就会将爆竹捻儿点燃，随后响起一串噼噼啪啪清脆的响声。

那时候，我并没有注意，自从听了老师的夸奖后，每次到公园、每次散步、每次取奶的路上，他的眼睛开始不安分地四下寻找，总要摘一两片他没有的树叶，悄悄地夹在书本中。有不认识的树，他就问公园里打拳的爷爷，或道旁扫地的奶奶。一片片脱离了树枝没有了生命的树叶，在他那里重新获得生命，给了他那样多的欢乐和兴趣。

总是让我出差时给他找树叶，一连几次，我发现他已经拥有

了那么多的树叶，它们躺在他的本中，和他诉说着只有他们相互听得懂的悄悄话。比起孩子只会向家长要巧克力、变形金刚、游戏机、洋娃娃，小铁这种与大自然亲近的情感，让我感到欣慰和亲切。因此，无论我到什么地方，无论如何忙，绝不会忘记给小铁找几片他未曾拥有过的树叶。我知道并非所有的孩子包括我们大人都对并非色彩绚丽的树叶感兴趣，我愿意他拥抱着大自然，而不愿意辜负他的这片天真的心意。

于是，到广州，摘几片龙眼树叶；到厦门，摘几片榕树叶；到潮州，摘几片杧果树叶；到武汉，摘一片蔻树树叶；到杭州，摘一片桂花树叶；到重庆渣滓洞当年关押小萝卜头的铁窗外，摘一片绿意葱茏的柚子树叶；到山西尧庙古木森森的庭院里，摘一片已经有几百岁年龄的楸木树叶；到福州涌泉寺那株百年老树上摘一片枇杷叶……我乐此不疲，总觉得面前那一片郁郁葱葱的树林中藏着孩子的身影，每一树随风摇曳的树叶间闪动着孩子的眼睛。有一次在上海虹口公园，我见到一种梧桐树，虽然小铁早有这种树叶，但初春时节刚刚染上新绿的细嫩的梧桐树叶，清新可人如同婴儿的小手，心想保证孩子见到会分外喜欢。况且，又是在鲁迅墓旁的梧桐树，更多一层意味。可我却怎么也摘不着，那树委实太高。我竟如孩子一样，远远开始起跑，然后跳高一样使劲蹦起，一次不行，两次，终于够着一片新生的梧桐树叶。陪我去的朋友见了哈哈大笑，那个春天的梧桐染上了别样色彩。

孩子格外高兴，有一阵子入了迷，树叶成了他的万贯家财，他仿佛拥有着天南海北的莽莽森林。我对他说："做个标本本儿，把树叶都贴在里面，再写上科目、采集地点和时间，这样便于保存和翻看。"他开始找妈妈帮他忙活，用白报纸裁成小本本，用透明胶条将树叶贴在本中，在树叶下面打上几道横格，上面工工整整写上树叶的名称、属于什么植物、什么科……几年下来，他已经有了四本植物标本。为了做这四本植物标本，他特意买了一册《少年百科辞典》植物分册。那是他制作标本的指导老师。

当四本树叶标本册积累在面前，他学问渐长，常会得意地考考我和他的妈妈，比如问问榆树和臭椿有什么区别？为什么说铁芡是最早的陆生植物？他也会骄傲地告诉我们一叶兰的叶子不像兰花叶子那么窄，而是又宽又长直冲天空，仿佛要摘太阳；鸳鸯茉莉两片叶中有两朵花，一朵白一朵蓝，真像鸳鸯那样紧紧挨在一起那么友好；鱼尾葵真像鱼摇着调皮的尾巴；蜈蚣柏真像只毛茸茸的蜈蚣……

在我出差给他带回的树叶中，他最珍爱的一是在新疆塔里木河畔摘的几片胡杨树叶；一是在庐山植物园胡先骕墓地摘的几片水杉树叶。

胡杨树叶，是我到新疆去之前，他特意嘱咐我一定要替他找到的。终于见到了心中渴望的树叶，在这一天日记中，他这样写道："胡杨的叶子像柳叶，它不美，枝枝杈杈，像个不爱梳头的小孩。但当地人很崇敬它，说它长叶一千年，落叶一千年，树倒后还能活一千年。当然这不符合实际，但说明人们对它的感情。这样的叶子，在北京找不到。"

在他的作文中，他这样描述那片水杉叶："我最喜欢水杉这枚叶子，它没有什么美丽的装束，然而它有独特的、清秀朴素的美。它被称为植物中的大熊猫，因为它生长在恐龙时代，现在全世界只剩下几千棵水杉，而且只生长在我们中国。爸爸告诉我：'在庐山有一位植物学家胡先骕的墓地，墓前栽着几棵高大的水杉，因为水杉是他首先发现的。'我对这位植物学家敬

佩，也更珍爱这片水杉叶了。因为这片水杉叶就是从胡先啸墓前摘来的……"

我读后很感动。我曾想每年树木生长、飘落该有多少叶子，我们何曾仔细注意？尤其是秋深时节，落叶萧萧，飘零满地。被人们聚拢后烧掉，散发着缕缕烟雾，树叶就这样又伴我们一个四季，悄悄地来悄悄地去。似乎与我们毫无关系。对于一个热爱它的孩子，它不仅装入他的本中，也装入了他的心中。它不仅拓宽了他的眼界，增添了他的知识，而且使得他与大自然亲切地交流。这在嘈杂喧嚣的都市生活里，这在万头攒动的物欲横流中，是孩子才会拥有的一分心境、一个童话、一样收获。真的，我们大人们太匆忙，太疲惫，便也失去了这种美好。我想起最善于描绘大自然的俄罗斯作家普列什文对林中那刚刚萌发的新叶的感情："我真想听听我那棵白桦上浅黄色、亮闪闪、有一股清香、还不大的树叶的簌簌声啊……"

我们是听不到那树叶的簌簌声的。然而，孩子能够听得到。大自然只钟情于天真无邪的孩子。普普通通、司空见惯的树叶，潜移默化地浸润着孩子的心。这是大自然独特的作用。越来越被水泥建筑、灯红酒绿重重包围之下的都市，越来越离得大自然遥远而隔膜，只有孩子还纯真、天然地向往着大自然。

到郊外去，到公园去，成了小铁繁杂学习生活外最富有诱惑力的活动。北京香山植物园和北海植物园，是他常去的地方。他十分后悔那一年夏天我带他去厦门万石植物园时他太小，才不满5岁，要不他会把那里许多北京见不到的树叶带回家，夹在他的标本册中。他梦想重游那里，再踏遍全国的植物园和原始森林，他渴望将所有树叶揽入怀中。少年心事当拿云，是大人们常常意想不到的。

一次，我和他叔叔带小铁去北海植物园玩。我已经出来了，他和叔叔还在里面久久未出。我心想他就喜欢看树叶，就让他多看一会儿吧。谁想，不一会儿他急匆匆跑了出来，叔叔跟着跑出来掩着嘴偷偷地笑，不知道他们在里面干什么有趣的事？我问，小铁手捂着衣袋，匆匆往前跑，不说一句话。我也跟着跑过去，跑到很远的地方，小铁用眼睛四下搜寻，没有游人，方才从衣袋里掏出一个小本本，打开一看，原来夹着的是几片树叶。叔叔告诉我："他让我给他放哨，自己偷偷把人家植物园里的树叶摘下来就跑……"他得意十足地指着树叶说："这是人心果叶，它的乳叶是做口香糖的重要原料；这叫佛肚竹，这叫缘罗，你没见过吧？都是很难找的呢……"

本想责备他的，植物园里的叶子都让你这么摘，树还不光杆无毛了？可看他那认真钟爱的样子，看他将叶子分别夹在书页中，又飞快在每一页上写上树叶的名称，那种仿佛偷袭成功的喜悦劲儿，怎么忍心再责备他呢？有时候，孩子常会犯些令大人啼笑皆非的错儿，让你无可奈何。我不想在他的兴头上扫他的兴，却实在没有料到树叶如此占据了他的心。

回到家，晚饭后，我对小铁说："以后到植物园可不能再这么干了！"

他说："还有好几种好看的叶子没有摘，真可惜！"

有什么办法！这就是孩子！有时可爱，有时可气。

相当一段时间里，树叶清新的气息弥漫在家不大的小屋中，那是来自大自然的气息，与饭菜的香味、家具的漆味，以及窗外飘进来的污染的空气气味，绝不相同。在这段时间里，不仅我一人，而且全家人出差的必要内容之一便是采摘树叶标本。小铁的叔叔前不久到延安，打来长途电话讲的第一件事，是已经给他摘

到了延安特有的枣树叶。

　　树叶，使我和儿子的生活增添话题、内容与色彩。树叶，是大自然给予我们共同的书签，一枚枚夹在生命值得纪念的册页中。

1993 年 3 月 9 日于北京

无法原谅

　　孩子没有一个是省油灯。常常会是大错小错不断，恰似蜕下的一层层皮，才如蝉一样长大了，飞起来了，鸣叫不已了。

　　那时，小铁还小，大概是小学二年级吧，中午不睡午觉，偷偷地跑出家门。学校大门尚未开，便和同学在门口玩。玩什么不行，非要玩比赛扔石子。

　　"你敢往楼上扔石子吗？往那玻璃上打！"

　　"敢！"

　　小铁应声甩出一块石子，不偏不倚，正砸在三楼一户阳台的玻璃窗上。"砰"的一声，玻璃碎了。他以为击中的是鬼子的炮楼，要不就是鸟巢或马蜂窝。最开始的快感，被这一声响动，吓得如惊飞的鸟。他傻眼了。

　　那天晚上，我下班回家，觉得小铁蔫了许多，问他怎么回事？他什么话也没说。奶奶把我悄悄拉到一旁，告诉我他中午干的这桩好事，人家来家里告状了。

　　我一听挺恼火。这叫什么游戏？再想火也没用，玻璃砸了，不犯错的孩子哪儿有？除非布娃娃。

　　我把小铁叫过来："不管是好事还是坏事，你做了，不说也摆在那里。错了，要承认，就可以原谅；错了不承认还想隐瞒，

就不能原谅。你说我讲得对不对？"

他自知已难再隐瞒，只好和盘托出。

我说："你说怎么办吧？"

他像条犯了错的小狗耷拉着脑袋，一言不发。

"要我说你赶紧到人家认个错，砸坏人家玻璃该赔多少钱赔人家多少钱！"

他皱起眉头，面带畏难之色。我不再讲话，耐心等他。连认错都不敢，无法原谅。

最后，他嘴角挤出一句话："爸，你跟我去行吗？"

我陪他去了。走上陌生而漆黑的楼道，他还在犯怵，不住问我第一句话该讲什么？平日的巧八哥一下变成闷葫芦了。我说讲什么都行，只要你诚恳认错。敲开房门，一位抱着婴儿的阿姨出现在面前，不用问，一看小铁便知道是中午惹祸的孩子来了。小铁求救地望着我，我不讲话。这时候，不给他一丝怜悯和帮助。

"阿姨，中午我把您……"话刚滑出口，他先眼泪扑簌簌流下来。这时候，流流泪对他是必要的，千万别心慈手软。好心的阿姨先心软了，忙让我们进屋劝着孩子。我拦住她，让小铁把错认完，把泪流完。

好孩子不是不犯错，而是犯了错要认错。我想起小时候姐姐曾寄来三十元钱，我偷偷拿走其中五元钱的一张票子，跑到新华书店买了三本书。爸爸为了让我认错，给了我屁股上生平唯一一次鞋底子。我至今未忘，便也牢记住有些错是不能重犯第二次，也是无法原谅的。

应该说，这是小铁长这么大头一次犯的不可原谅的错。我要让他懂得：有些错可以原谅，比如上课迟到、随意丢失东西等。

有些错却不能原谅，如这次无端砸坏人家的玻璃。尽管无知与无意，但损人以利己，伤害他人的事情，决不允许有第二次。我不会如父亲给我一顿鞋底子一样如法炮制，但我要给他一样的教训。

也许，我过于严厉，有些小题大做。那一晚归家的路，显得格外长。他的脚步也显得格外沉重。星星从楼群间隙中跳出来，一闪一闪的，望着他，也望着我。说实话，我心里稍稍动了恻隐之情，说什么他还是个孩子。

其实，这样的错对于他并不难改，只要多加注意就是了。但有的错却不是注意就可以防范的。那是在不知不觉间溜出来的，是一种潜意识的结果，犹如门自身就有着平常未曾留心的缝隙，风自然便会乘虚而入。这种错看似来自无意识，其实是心灵深处积淀下来的污垢。应该说，更无法原谅。

小学六年级时，由于学校操场小学生多，小铁玩时不小心将右胳膊的骨头摔裂了。一个多月无法上课，打上石膏吊着只胳膊在家里和自己的影子做伴，寂寞而孤独，让他感到没抓没挠，像是跑惯的小鹿一下子孤零零关进圈里，独对霜晨月夕、花开花落。和同学们在一起的那种鱼水相知的感觉，是父母无法给予他的。

那一天下午，我和他妈妈正巧在家，却无法帮他驱散寂寞。我知道他在盼望着能有同学来，树叶与树叶簇拥在一起在风中嬉戏，是鸟是花是果是云无法给予的欢乐。

突然，企盼几天的门终于敲响了。虽然，已经一连几次失望，小铁还是吊只胳膊飞快地跑过去开门。这回果然是同学，名叫杜澎，虎头虎脑的，手里拿着盒冰激凌。他高兴地大叫起来，拉着杜澎的手赶紧进屋。杜澎把冰激凌递给他："我已经吃

了一个，你快吃吧，都化了！"看他们亲亲热热的样子，真让人高兴。

孩子和孩子在一起，如同火苗和火苗在一起，一蹿一跳的，有着说不完的热乎乎的话。小铁把杜澎拉进他的房间，便开始笑语不断。最后，小铁问老师今天讲什么新课，杜澎说："课讲得不多，你放心，以后我天天来告诉你讲课的内容。"说着，从书包里掏出语文书，"今儿老师刚讲新课《小音乐家杨科》。喏，这是老师让记的笔记，你照着我的笔记抄一下吧！"

"不用了！赶明儿上学时我找班长的笔记抄吧！"

小铁的这句话让我和他妈妈都愣住了。真没想到他竟连卡儿都没打，就如此顺顺溜溜地讲出来这样的话。班长当然是班里学习好的同学，杜澎在班上学习中等，可这也太让人下不来台，不是一片好心当成驴肝肺了吗？

杜澎合上语文书也顺顺溜溜说了句："对！班长学习比我好，记得比我清楚！"说得那样坦白、那样真诚，毫不介意。

杜澎走后，我把小铁叫过来。我无法容忍刚才他对杜澎的态度。平日里，我最讨厌欺下媚上，无论走到哪里，我都要尊重任何人。我希望我也包括孩子能够处处事事不以物喜、不以已悲，居高不骄、处低不卑。我觉得它是衡量一个人的心地与品格的标准。

我批评小铁："你刚才讲话太不对了！"

他有些不服气："我不是故意的……"

"我知道你不是故意的，这正说明你心里这种想法是由来已久的，才这样不由自主地流露出来了。每个人都有自尊心，你无意中伤了人家的心！你想想，杜澎来特意看你，帮你补课，给你买冰激凌……你却瞧不起人家，人家会怎样想？如果你和杜澎倒

124

个位置，你又会怎么想?"

他垂下头，不说话了。

我对他讲：尊重人，不是仅仅指尊重那些年长的、功高的、位尊的、名显的……而是包括那些普普通通的，乃至不如你的人。我说你读过鲁迅先生的《一件小事》，鲁迅如何对待那位拉三轮车的车夫的! 你也读过冰心奶奶的《小橘灯》，冰心又是如何对待那个做小橘灯的小姑娘的! ……

最后，我对他讲："你看看杜澎，人家听了你刺耳的话，却一点儿也没有让你下不来台。他学习也许不如你，但他懂得尊重人，这一点就值得你学习!"

他点点头，半天没讲话，仿佛一下子被击入水底的鱼儿，沉沉地游不上水面。这对于他是必需的，有些错会极明显，有些错却不那么显而易见，灵魂深处的一闪，却会如鸟儿飞溅下一星鸟粪，将一匹素洁如玉的丝绸弄脏弄糟。我不希望他只成为一个有知识的孩子，还希望他同时又是一个心地善良纯正尊重自己也尊重别人的孩子。

我们就那么默默坐着，一直到夜幕不知不觉地垂落，屋子里黑黝黝的，只听见彼此怦怦的心跳。

我"啪"的一声拉开电灯，屋里立刻灯光温暖起来。"以后杜澎再来的时候，向人家认个错!"我对小铁说。

他忽然仰起小脸，羞愧地说："以后杜澎肯定不会来了!"

这话说得好沉重。我一句话也讲不出来了。

第二天下午，"砰砰"，门又被敲响了。小铁赶紧跑去开门，不仅他没有想到，连我也没有想到：竟然还是杜澎，手里仍然拿着一盒冰激凌。天太热了，杜澎跑得满脸通红，又爬了整整十四层楼梯，一脑门全是汗珠儿，冰激凌融化得不住顺着盒的边

缘直流……

　　小铁感动得说不出一句话。这件事已经过去了近两年，他依然无法忘怀。也许，我们每个人都会犯这样或那样的错，宽厚的他人会原谅我们。但有的错，我们无法原谅自己。

1993 年 4 月 2 日于北京

圣诞天使

　　小时候，我挺爱上台演个节目的。逢年过节，学校开个联欢会，我总要表演个诗朗诵、唱支歌，或者和同学们排个小话剧之类的，出出风头。

　　小铁不愿意上台演节目。似乎，遗传基因并不那么可靠。从上小学开始，赶上学校开个晚会联欢会，他一直是坐在台下当观众。

　　偏偏，去年圣诞节学校组织和农民联欢，让一位高中的男同学扮演圣诞老人，要敲着鼓迎接远道而来的农民伯伯。按照晚会设计，替圣诞老人拿鼓的小天使要一位小同学扮演。踏破铁鞋无觅处，老师一眼选中了小铁。

　　这是个许多小同学跃跃欲试的小天使呢，持着鼓，走在圣诞老人的前面，在农民伯伯一片热烈的掌声之中，该是多么风光呀！

　　小铁却不愿意演这个小天使。

　　回到家里，他一脸云彩，闷闷不乐。

　　孩子说到底是孩子，有时候凭着的是个人的兴趣好恶，便如水流漫出堤坝，只管自己的痛快恣肆蔓延。任我和他妈妈怎么劝说，他一准认为这个小天使一点儿意思没有。

"我拿着鼓，还得单腿跪，让圣诞老人打鼓，整个一个鼓架子呀！"

有什么办法呢？大人认为有趣或有意义的事，孩子的感觉却可以恰恰相反，彼此相隔一堵墙。说不通了，大人力气大火气更大，往往会硬性将这堵墙打翻推倒。

我说这小天使演演挺好玩的，你也尝尝上台当演员的滋味！

他妈妈说这是老师信任你，全校同学里才挑中你这个小天使，你不能辜负老师的希望！

小铁依然噘着嘴。

明天就要排练，后天就是圣诞节，要正式演出了呀！

小天使还在噘着嘴哩。

有时候，孩子的成长需要时间，很难像街头崩爆米花，瞬息之间即可崩个满筐满怀。

只好耐心等待！

小铁参加了排练，无可奈何的样子，远不如做几道有趣的数学习题兴味盎然。单调的排练，让他对这个小天使角色更觉乏味。拿着鼓，单腿跪，一句台词没有，简直像个活道具。

但是，他知道他必须参加。明天就要正式演出了。老师不会再找另外一个同学顶替他，他别无选择。

妈妈帮他找出一件红毛衣，一条白裤子，穿在身上，倒是飒爽潇洒。只是他照照镜子，做了一个单腿下跪的样子，冲着妈妈和我，嘴苦瓜一样一咧，自我解嘲地一笑，笑得极其苦涩。

"不愿意干的事，但是需要你干，你去干干可能会有另一番收获！况且，这也是为集体做事，既然干就干好！……"

我安慰着他，劝说着他，连我自己都觉得这番话空洞如同雨珠打在水泥地板上丝毫渗不进去一点一滴。

真是强扭的瓜不甜。

有时候，看来事情很小、很简单，就像一加一等于二一样，应该一点就通。孩子偏偏通不了。与其怪罪孩子的不懂事，不如怪家长自己此刻的无能与无奈。

圣诞节到了。

学校的联欢晚会在一家颇具规模的俱乐部举行。众目睽睽之下，小铁生平头一次登台。白裤红衣，小脸上老师还特意给搽上些胭脂，红扑扑的煞是可爱。聚光灯映照之下，小天使和圣诞老人格外醒目。

他们的节目是第十个节目之后。他要和圣诞老人一起上场，农民伯伯将同时从舞台另一侧上场。圣诞老人从农民伯伯手中接过礼物，将是整个晚会的高潮。因为那礼物将是圣诞的特别礼物，与全校师生分享！

小天使和圣诞老人上场了。

持鼓向前，单腿跪……鼓声清脆，全场掌声雷动。演出效果不错。农民伯伯捧着一袋袋大红枣走到台中央了。鼓声更响，掌声更响。只要圣诞老人接过大红枣，小天使随着圣诞老人下场，小铁的任务就算胜利完成了。即便并不情愿当演员，客串一场也算是不负老师的希望。

就在圣诞老人接枣的一瞬间，事情发生了。农民伯伯刚刚下场，圣诞老人和小天使也要转身离开，枣却不小心碰撒了一舞台，叽里咕噜的，到处乱滚。全场都笑起来。

下一个节目是独唱《大街上》，演员已经走到台侧，报幕人已经急急风一样把节目先于枣落之时报了出去。而再一个节目是舞蹈，满场人连蹦带跳，踩在一颗颗大红枣上滑倒，还不让台底下同学笑破肚子！

头一次上台便遇到这样的事，小铁不知如何是好，望望那一舞台乱滚的枣，望望圣诞老人，脑门子渗出一层汗珠。

扮演圣诞老人的毕竟是高中同学，舞台上的老将，反应敏捷，立刻转身跑到舞台中央，弯下腰来，边捡枣边笑呵呵地说道："哟！这大街上怎么这么多枣呀？谁撒在大街上了呀？"

小铁一听就乐了，心想这圣诞老人还挺会给自己下台阶的。无意中撒落的枣，无形之中成了独唱《大街上》的道具和引子。小铁放下手中的鼓，也蹦蹦跳跳地跑了过去，一边帮助圣诞老人捡枣，一边说："今儿真是枣大丰收了，大街上都是枣！"……

台下的观众大笑，并热烈地鼓起掌来。他们被圣诞老人和小天使随机应变的即兴表演弄得闹不清这满舞台撒落的枣，究竟是无意之中的事故呢，还是特意安排的插曲？

枣，捡干净了。圣诞老人和小天使乐不可支地下场了。独唱和舞蹈顺利演出了。圣诞晚会因这个小小插曲而更加欢快。

小铁回到家，白裤子的膝盖处还留有下跪时蹭的尘土，小脸上还留有上台前化妆时搽的胭脂红。他笑着向我讲述了晚会上这一段有趣的插曲，为圣诞老人和他的这个得意杰作而回味无穷，完全忘记了他昨天和今天离开家门准备演出之前噘着小嘴的样子了。

孩子的记性常常如小耗子撂爪就忘。

孩子的心气往往像夏天的云彩说来就来，说去就去。

孩子的小嘴可以噘成一个槭能挂油瓶，也可以咧开一弯瓢，盛满意想不到的欢乐。

孩子说到底还是孩子！

拔苗助长常会令孩子讨厌。有时候，孩子的成长要靠自己，就像种子萌发要靠自己的力量顶破地皮才能冒出芽来一样。

　　我们有时候太着急，总想用成人认识问题的深度与速度要求孩子，而忽略或不允许给孩子一点点在黑黝黝的土壤里面伸展腰身摸索方位顶破地皮的时间。我们嫌慢，殊不知这慢的速度正是孩子成长的必需，他们需要自己慢慢咀嚼才会消化吸收，是我们替代不了的。

　　事过之后，我曾经问小铁："你这次小天使演得比想象的要成功，你自己也觉得有趣了吧？"

　　他点点头。

　　我又问："如果下一次让你上台演出一个什么角色，你怎么样？有劲头演了吧？"

　　他一摇头："我不！"

　　看！他总是与我们大人的思路不尽相同。我们以为他身历其境，心同感受，一定要改变初衷了。他偏偏守住自己偏执的城堡，守得固若金汤。

　　不过，我也不尽然相信他的这个"不"字。说不准下次演出又把他逼上梁山，他照样兴味无穷呢！孩子到底是孩子。要让孩子事事都懂也难，真要那样便不是孩子了。想想我们自己，以往事事来到只会重视"意义"，而忽略了个性，便极易听从指挥棒的运动，不敢轻易随便说一个"不"字，便也失去了许多本来天真自然的岁月。现在的孩子不愿再成为我们复制的拷贝。看小铁一摇头说"我不"那固执而轻松的样子，仿佛风吹来树枝便随意轻轻一摇，根本不管风的存在。

1993 年 5 月 4 日于北京

生日礼物

　　总想起安徒生曾经讲过的那件事情。不是童话，却比童话还美丽。

　　那年夏天，安徒生住在犹特拉金的一个林区。他为林务区长7岁的小女儿过生日，在林子里每一棵蘑菇底下藏了一件小东西：或是一块包着银纸的糖果；或是一束蜡制的小花；或是一枚胸针、丝带、红枣……这些都是安徒生送给孩子最别致的生日礼物。第二天清晨，安徒生带着小姑娘来到林子里，告诉她："我送你的生日礼物就在这林子里面，你去找吧！"小姑娘从蘑菇底下找到了神奇的礼物，唯一没有找到的那颗红枣，大概被乌鸦叼走了。小姑娘惊喜万分，以为一切是神的安排，是一个身临其境的童话。

　　安徒生事后这样说："她一生都记得这件事。她的心决不会像那些没有经历过这一事件的人们的心一样，轻易变得冷酷无情。"

　　小铁的生日也是在夏天。

　　在他很小很小的时候，我曾经仿照安徒生的做法，在他生日那天，买来些巧克力、泡泡糖、书笔或者小玩具一堆零零碎碎，分别藏在并不宽敞的房间的每个角落：枕头下、被褥里、书柜间、沙发垫后，乃至他自己的小书包里……

我不拥有夏天犹特拉金那一片蓊郁葱茏的森林，也无法寻找那一簇簇肥硕鲜美的蘑菇，我拥有的只是同安徒生一样童话般的心。

小铁在房间的各个角落里找到这些生日礼物的时候，如同林务区长的7岁小女儿一样惊喜万分。虽然，这些小东西都不值什么钱，而且是孩子司空见惯的，但他却觉得比生日蛋糕比昂贵的礼物都要兴味盎然、新奇有趣。

看来，孩子需要童话；同样，成人也需要童话。尤其是我们和孩子一起面对的生活越发实际、实惠、实用的时候，那蘑菇下小小的礼物便越发珍贵无比。

这样的童话，一直延续到小铁整整10岁。那些年他的生日里，我几乎每年"重蹈覆辙"，他却每年兴致浓郁，从未觉得雷同、单调，犹如一枚嚼过多次的杏话梅。

10岁生日前夕，他对我说："爸爸，再像以前一样给我藏一次生日礼物吧！"

这话打起我心里一个热浪头。虽然，我知道孩子已经无可奈何地长大了，这一出童话剧已明显接近尾声了，多少有些怅然。我却越发相信安徒生的话：经历这件事的人与未经历这件事的人的心是不一样的。无论是孩子，还是我，该多么感谢安徒生在犹特拉金那片夏日林子里给予我们的神奇！

我永远难忘小铁10岁的那个生日。自此之后，我再没有如安徒生一样为孩子藏生日礼物了。我和孩子告别了安徒生那个在有些人看来傻气透顶的童话，却始终没有走出安徒生善良、美好的心地。我相信这是安徒生给予我，更是给予孩子一生的取之不尽的营养。在世俗与市侩喧嚣、物欲膨胀如氢气球袅袅高飞、自私

包上漂亮的枕式糖纸畅销不已的眼下，这一丝营养虽极其单薄，却也够孩子受用了。

我相信。因为那是孩子童年汲取的营养，是融入生命、刻进年轮的。那是成年之后再服什么青春宝、养命宝、男宝、女宝之类营养液都无可比拟的，便也都是回天乏力的。

是的，作为家长，我无法为孩子铺垫一生的道路，我能够做的，是给他一个美好而健全的童年。当他长大了，飞得再高，再远，不要忘记自己的童年，不要忘记爱是一个圆，无论是父母还是旁人给予的，都不要理所当然像吞冰激凌一样只顾囫囵吞进，都要想到应该用自己的一份爱去回报。无论生命还是感情，都需要而且应该拥有回声。

我40岁生日的时候，小铁正在天津。他没有忘记寄给我一幅他自己画的生日卡：一只可爱的小狗开着一辆汽车，车上装满各式各样的东西，有伞一样的蘑菇、霞光一样的苹果、星星一样的樱桃、仙女一样的花朵……旁边写着一行美术字："祝爸爸四十岁生日快乐！"在信中，他说小狗拉的那一车东西都是送给我的生日礼物！

还有什么比听到孩子感情的回声，更让人的心头感到慰藉的呢？

说实在的，在有孩子之前，我从未过过生日。对于我，那是一个遥远、朦胧的日子，常常让我淡忘于人生的匆匆与嘈杂之中。有了小铁，确切地说，从小铁懂事之后，我的生日才如一匹从遥远天际飞来的马，奔跑到我自己的身旁，让我意识到被我放逐天边的马，原来就是我自己的呀！可以说，从天边牵着这匹马的就是孩子细嫩却温情的小手！

当我在40岁生日那天收到小铁寄来的生日卡时，除了一股浓浓的亲情袭上心头之外，让我感受到孩子没有被家长的爱包裹成一个蛋壳，他是一只飞鸟，飞出蛋壳，将自己单薄脆弱却任何他人取代不了的啁啾鸣叫声，给予爱他也是他所爱的人。

今年五月九日，是母亲节。前一天，是周末。那时候，赶上我正在上海，家中只剩下小铁和妈妈两个人。他们约好放学后一起去麦当劳吃汉堡包。

放学了，妈妈在学校门口等他。左等，右等，不见他的身影。放学的同学一个个涌出学校大门，像归巢的鸟儿各自归家了，依然不见他的身影。一直等到学校门里门外空无一人，静悄悄，只洒下一片夕阳的余晖，妈妈真是有些生气了。人家别的同学都出来了，他还在学校里干什么？一定是贪玩他痴迷的乒乓球了，把和妈妈约好的时间干干净净忘在后脑勺了吧？这样的情况，不是没有发生过。玩得心野了，就像跑断缰绳的野马，不知会奔跑到哪里，任你心急如焚也奈何不得！

妈妈气了，心想即使他再出来，也不带他去麦当劳了，她要走进校门，看看这个孩子到底在玩什么！如果真是又玩乒乓球，就拽走他耳提面命教训他一番……

就在妈妈气急交加的时候，看见他从教学楼里跳出来，小鹿一般一跃一跃的。待他走近了，走到校门前了，妈妈看见他手中拿着一枝猩红色的康乃馨。

他跑到妈妈的身旁，摇着那枝正含苞待放的康乃馨，笑着说："妈妈！这是我送给您的礼物！您等急了吧？我一直等着买花，卖花的刚刚送到学校里来……"

妈妈还说什么呢？再大的气，再盛的火，在这枝康乃馨面前，也销蚀殆尽了。

他见妈妈愣愣地望着他和他手中的康乃馨，迟迟不讲话，忙

作解释："妈妈，您忘了，明天是您的节日——母亲节呀！"

妈妈接过这枝康乃馨，心头漾出从未有过的感动，觉得世上任何一朵鲜花都赶不上这枝康乃馨漂亮。

做家长的，往往给予孩子的会很多、很多，而需要孩子给予自己的，往往很少、很少，只要一张生日卡、一枝康乃馨，就可以了。他们就会很知足，很感动。

孩子，你懂吗？

虽然，这一点很少、很少，却是你给予的。而以往都是他们给予你的呀。独生子女被娇惯的培养基养大，越来越多地变为以个人为轴心为半径的时候，这一点很少、很少，却是多么难得而显得可贵。尽管与父母的给予并不成比例，毕竟是发自你内心的深处。

我们要求你的，并不多。10岁前，安徒生曾经给予你的童话，不要如那颗红枣被乌鸦轻易地叼走。

那一晚，他和妈妈从麦当劳吃完汉堡包出来，没有立刻回家，轻轻走在长安街上，享受着并不是每天都能拥有的幸福和欣慰。五月的晚风温馨可人，那一枝康乃馨飘散着清新的香味，萦绕在他们的身旁，一直到我从上海回来似乎还没有散去……

1993年5月底上海归来

乒乓之恋

我的脾气很急，有时候，炮仗一样点火就着。

那一年，小铁10岁，和我弟弟的儿子小钢玩着玩着急了眼，一把把人家推倒在地。小钢哭着跑回家告状。当着我的面，小铁粗暴地打断人家的话，怒不可遏地一把又把人家推倒。

我顿时火从心起，急了。我不允许他随便打一个比自己弱小的人。我不管他占有多大的理，这么粗暴地把人家推倒在地是无法容忍的。别说是自己的亲人，就是外人也不行。我以为这是品质问题，一下子上纲上线脑袋发胀，觉得绝不能宽容。

当时，一股火蹿到头顶，连自己也没有料到，我竟突然之间像头发了疯的狮子，劲儿一下子出奇的大，拦腰一把抱起他，像扔麻袋一样把他抛到床上，冲着屁股"啪啪"狠揍几下。他哇哇哭起来。哭后，他承认自己错了。

我说："你说你错了，以后怎么办才能保证不再错呢？"

一时，他没有答上来，垂着头，咬着嘴唇，泪眼汪汪地不说话。

不能可怜他，否则他会记吃不记打，宜将剩勇追穷寇般，我紧追不舍逼问他："你说都说不上来，我怎么能相信你以后不会再犯呢？"余怒未消，我指着厨房冲他吼道："你到那里面好好想

想去，想好了再对我说！"

过了好久，没见小铁出来，没见他再哭，也没见他任何动静。我心想这孩子真拧，再等等他，不给他留下个深刻的印象，以后难保不重蹈覆辙。

再等，还是没有动静，厨房里静悄悄的，仿佛没有小铁这么一个人。

倒是最后我沉不住气了，先走进厨房。哎呀！我蓦地吓了一大跳。小铁身旁的案板上赫然放着一把锃光闪亮的菜刀，他正靠在案板上。

我立刻为这意外的一幕心虚胆惊了，却依然故作镇静地问："你想好了吗？"

他的眼泪一下子流淌出来，却不讲一句话。

我又问了一句，显得有些战战兢兢了。他说了一句我怎么也想不到、怎么也难忘掉的话："我想找奶奶去……"

那时，奶奶刚刚去世不久。以往，每次小铁犯错，我急了性起要揍他时，都是奶奶护着他，说我："一个小孩子家，哪儿有不犯错的时候？你小时候还不如他听话呢……"

他想起了奶奶。

我禁不住又望了一眼他身旁的那把菜刀。

心，立刻被攥得紧紧的发疼起来。我一把搂住小铁，连声问："为什么？为什么？"问儿子，也问自己。

他的回答更让我意想不到："爸爸，你不是知道我爱读历史书吗？历史上的人一重才能二重信任。你都不信任我了，我还有什么……"

我愣住了，像雷击折的一棵树，顿时矮了半截，矬矬地蹲在地上，更加紧紧地搂住他。

"爸爸，我真的知道自己错了，我以后一定改。可你让我说以后怎么办，一时我真的没有想出来，不知道怎么说……"

我的眼泪怎么也忍不住，扑簌簌滴落在儿子的肩头。我说："是爸爸不好！是爸爸错怪了你！爸爸怎么会不信任你呢？爸爸希望你是个知错就改的懂事的孩子呀！你可千万不要干傻事呀！"

我指着菜刀问他是怎么回事？他连忙摆手说："原来就放在这儿的，不是我……"

我一直不相信菜刀真的原来就放在那儿。我一直猜想，一定是儿子为了安慰我，让我放下一颗悬着的心！

临走出厨房时，他悄悄地对我说："这事千万别告诉妈妈！"

许久、许久，我总想起那把菜刀。孩子的心有时像嫩草坪，禁不住烈马不经意如风驰过。有些事，后悔是来不及的。

一晃，事过三年。小铁上初一了，小小男子汉了。过去的事，显得幼稚好笑，已经如轻轻翻过一页的旧书。

升入中学后，小铁迷上了乒乓球。当然，这不是坏事，只是迷恋的程度过深，简直如醉如痴，天天拍不离手，下课之后、中午休息端着饭碗都要去占球台打球。我实在担心他的心玩野了，让乒乓球粘走而难以归位。几次说他，他都振振有词：又没耽误学习，怎么不能玩？不会玩的人就不会学习……根本说不服他，只是轮回般照玩不误，挨说后依然玩，像球打了几个回合之后不分胜负。

一次，我约好下午放学在校门等他。左等右等，不见人影，一直等到日落西山，夜幕垂落，他摇着乒乓球拍出来了，原来他早把我在校门口等他的事忘在后脑门了！我却在这里等了足足两个小时！

一次，老师也批评他玩心过重，球打得缺乏节制，放学不回

家，打球打得时间很晚。老师放学很久发现教室里还有他的书包，知道他一定又去打球，到球场找他，他早钻进球台下面藏起来。

几次这样的事情发生之后，我对他说："你的乒乓球打得太过分了⋯⋯"

他说："我觉得没过分，恰到好处！"

我说："家长和老师都说过你，你都觉得自己有理，该怎样还怎样，这样下去把玩野的心再收回来可就难了，学习成绩一下来后悔都来不及⋯⋯"

他说："不打球的同学学习成绩不见得就好，爱打球的同学学习成绩不见得就下去！"

你有来言，他有去语，小小乒乓球竟有如此魔力，气得我火冒三丈，索性一锤定音："从明天起不许你再带球拍上学校！"

他也火了："你有什么权力不让我带球拍上学？有这条法律有这条规定吗？⋯⋯"

嘴，越顶越硬，就像球越攻越冲，火赶火，气拱气，我像他一样难以控制自己，一把拽过他来，抱起他，把他扔到床上。他一边鱼一样不住扑腾，一边不住喊着："你说不过我就打人，你有什么本事？你凭什么打小孩？⋯⋯"气得我哭笑不得，只觉得实在是缺乏本事，面对孩子如同面对一座难以逾越的山峰。

没有想到，我把他扔到床上的时候，他的腿正好磕在铁床的床帮上，磕破了血，肿了起来。我不知道，只顾自己出气。第二天到学校上课间操时，班主任袁老师见他的腿不像打乒乓球时那样灵便，问他怎么回事？他将起裤腿告诉老师腿磕了。老师问怎么磕的？他倒直爽，毫不犹豫就把爸爸出卖了："我爸爸昨晚打的！"

这天放学回家，小铁带回袁老师写给我的一张纸条，委婉地批评我：他还是个孩子，不该这样粗暴。

过了些日子，我到学校见到小铁年级的年级组长宋老师。她笑着说我："那天课间操后，袁老师对我说：'你说小铁的爸爸怎么了呀？那么好的孩子，他怎么下得去手呀？'……"

我无言以对。

家长常责怪孩子撂爪就忘，总是一错再错。其实，家长自己也是常常重蹈覆辙，依然故我。指出别人的错，永远比消除掉自己的错要容易得多。在一个封建专制时代过于漫长的国家，父亲身上专制的基因似乎与血共融，而且往往情不由己地表现在对孩子的粗暴上。儿子已经习惯了，只是不再软弱哭泣，而是学会默默承受的同时学会了抵抗。

我想起自己的父亲。他的脾气却比我柔和得多。他主张说服教育，常常在我钻进被窝里后依然诲人不倦，直至我酣然入梦。我生平只挨过父亲一次打，那是我从家中偷走五元钱买了三本书。五元钱，对于一家一月只有几十元收入的父亲来说，并不是个小数字。更主要的，他不能容许我养成这样的习惯。父亲冲我的屁股狠狠挥了一通淋漓尽致的鞋底子。

父亲再也没有打过我。

无能的父亲才会打孩子。

我挽起小铁的裤腿，看见被我磕伤磕肿的腿，心里不是滋味。仿佛想弥补，其实永远弥补不回来了，我问他："还疼吗？"

他摇摇头："没事！"

然后，他迅速放下裤腿，悄悄地嘱咐我："这事别告诉妈妈！"

1993 年 6 月于北京

中学之门

我从母校和教育局里出来，彻底失望了。走在大街上，一片茫然，若不是朋友搀扶，竟险些跌倒在马路的栏杆上。

忽然想起从早到现在还没有吃东西，找了个釜山烤肉馆，胡乱吃点儿饭，满脑子里却是一片空白，眼睛里全是如织如蚁的人流。

儿子今年小学毕业，学校推荐保送他到市重点中学。偏偏他是后转到这所学校的，未能连续三年评为三好学生。偏偏今年教育局明文规定保送生必须具备几项条件，否则一律没有保送资格。该着儿子倒霉，虽然也曾获得过这样那样的奖，无一在此规定之内，捞上网来的便都不是鱼，而只是些海藻或贝壳。

都想让孩子进入一所好中学，总觉得这一步极关键，关系着孩子未来的命运。我自也难免流俗，更何况那所市重点中学又是我的母校，更寄托着另一份感情。眼瞅着保送名单公布在即，万般无奈，我只好求救于母校。

母校校长曾是我的老师，情谊弥长，无奈教育局在上。两鬓略已花白的校长言辞恳切对我袒露胸膛，告诉我他手中掌握的有限后门名额，早已被切西瓜一样瓜分完毕：区里、市里头头的孩子，有关单位比如老师合同医院、校办厂货源单位的子女，本校干了一辈子的老教师的孙辈……校长告诉我哪个也不敢得罪呀，尤其是学校正要建400米跑道的大型运动场和科技馆，有的人掌管着批款等等的权力呢。

我不好意思再讲什么了。我知道除了手中的一支笔，我没有任何权力。

校长送我走时，为未能帮上我的忙，抱歉地安慰我："让孩子先考吧，考完了再说，咱们再想办法。千万别给孩子压力……"

除了感谢，还能说什么呢？虽然我是满怀希望而来，怅然空手而去。

我的好朋友、著名的儿童文学作家罗辰生听说后对我说："我干了十几年小学老师，教育局那帮人我都熟，明天我带你找他们去！"

第二天早上八点钟，为了赶在刚刚上班堵住这帮人，罗辰生打辆"的"早早赶到教育局。楼上楼下上至局长下至办事员，该拜的佛都拜到了，累了足足一上午。走出门口，他满脸云彩地对我说："老弟，后天名单就公布了，你也太晚了！"

无可奈何！都说你是作家，多少有点名，事情总会好办些。我和罗辰生两个作家的"名"绑在一起也无济于事。在一个重权和钱的社会，徒有的浪声虚名只不过是一层好看而不经磕碰的漆皮。我自知手中无权亦无钱的一介文人，自古而今命运如此，不该抱怨世态炎凉，只能面对残酷的现实。

儿子能够面对残酷的现实吗？他还太小，他知道现实早已经不是安徒生的童话了吗？他知道走后门是门学问，并不是所有人都能够走通，偏偏爸爸一烧香佛爷就掉屁股吗？

他在家里正眼巴巴地等待着好消息。

　　回家的路，显得那么长。该怎么对儿子讲呢？我一下子茫然无措、漂泊无根一般，像个丢失了什么东西不敢回家的孩子。

　　回到家里已是夜幕垂落时分。我把儿子叫了过来。从我脸上的表情，他已经知道了结局，一句话没说，静静地站在那里，像以前犯了错等待挨说一样，小狗般耷拉下耳朵垂下头。我心里有些泛酸。错，怎么能怪他呢？他瘦小的肩怎么能承载大人世界的负荷？那么，错在我吗？在我的无能？

　　我坦白告诉了他结局，望望他。他垂着眼帘，没有任何反应，仿佛早已料到。

　　我又说："现在有两条路：一是学校准备保送你到区重点中学；二就是参加考试。你觉得哪种好？"

　　他依然不讲话。房间里一下子静得出奇。

　　倒是我沉不住气了："依我看，我希望你考试。因为我觉得你有这个能力和水平。如果真正凭自己的本事考进我的母校，我和你一样会更骄傲。你是在对等的竞争条件下考进去的，而不是凭后门关系走进去的。当然，这样有风险，考试千变万化，万一出现偏差都是可能的，最后考砸了便连区重点中学都泡汤了。你要是觉得没有必要，或者没有太大的把握冒这个险，就争取保送进区重点……"

　　我尽量把话说圆满，给他鼓劲，又让他放松。他还是不讲话，静静听我把这一堆话砸姜磨蒜说完。我知道，他的心里在倒海翻江。对于一个12岁的孩子，这是他要迈的人生第一道门槛。对于大人都觉得过于沉重，他当然会觉得非同一般，再不是买张游乐场的入场券便跨进一个无忧无虑的世界。

　　那一刻，我心里百感丛生。当然，我希望他能说："爸爸，我考！"但如果他不说，我绝不责怪他，我尊重并听从他自己的任何意愿。本来该是件简单的事，是让我们大人弄得复杂了。我实在不忍心看着我们大人世界的污染和庸俗如青苔一样滋生蔓延进他的生活，而让他过早地告别了单纯，告别了天真，告别了无忧无虑的童年。

我静静地等待着。我知道那一刻对儿子、对我都意味着什么。

儿子终于抬起头，只对我轻轻地说了两个字："我考！"

我一把紧紧地搂住儿子。

过了许久，我才想起来要讲的话："小铁，爸爸真替你高兴！你别有任何思想负担，万一阴差阳错没考好，爸爸绝对不埋怨你，爸爸照样认为你是个有能力的好孩子！"

儿子开始准备考试。

保送生可以在家休息，儿子在酷暑中奔波于学校和家之间刻苦复习，如一个抽打得急速旋转不停的陀螺。他憋着一口气。他觉得保送生不见得都好，他看不起有的三好生不过只会向老师小汇报拍马屁；他说是骡子是马拉出来蹓蹓！他把小闹钟的弦每天拧得紧紧的，一清早就叫他起床复习。他把该背的该默写的都录下音，每天晚上躺下睡觉时听，一直听到自己睡着……佛凭一炷香，人凭一口气。有时候，气挺重要，挺管用。

考试终于来到了。

我看到儿子考前的日记："明天就要考试了，升中学的考试！我并不害怕，我已经准备得很充分了……我已经很累了。该睡觉了，我躺在床上，心里不知什么滋味，久久不能入睡，辗转反侧，哦！我在失眠。"

这大约是儿子人生中第一次失眠，在他迈入中学之门的前夜。看了这篇日记，我的心在疼。为什么把本该大人尝的滋味过

早地给予孩子？是我们大人的无能？还是我们有了什么毛病？

最后一天考数学，妈妈到学校门口接他，我在家门口等他。说实话，我比儿子还要紧张。虽然一个劲鼓励他不以成败论英雄，毕竟成功和失败不一样，谁都渴望着成功！

听见楼道里传来儿子的脚步声，我已经迫不及待地打开门，站在门口急不可耐地问："考得怎么样？"他妈妈先告诉我："最后一道题错了！"我相信当时我的脸一下子拉了下来，脸色别提有多难看。家长往往极易害叶公好龙的毛病，忘记了早早劝过儿子那些错了也没关系的话了！

大概儿子不愿看见我如此难受的样子，或者是抑制不住内心的激动，笑着说："我妈开玩笑呢！全对了！"

全对了！心里仍然不踏实。没见最后分数公布，就像没见草绿花开一样，心中还是一片荒芜。盼分数，成了一连多日全家的心情和保留节目，使得任何电视节目都变得没有了色彩和味道。儿子说："这些天复习虽说不上水深火热，也够累的了，就为了这个既想知道又怕知道的分数。"那时候，我直想起自己上学时流行的顺口溜：分，分，分，学生的命根儿，心里充塞着说不清的感觉。

如果等待的不是分，而是一挂金马车、一艘红帆船、一条美人鱼、一朵七色花，那该是什么情景？什么心境？

我知道，那样的一切对于儿子再不会出现了。他将面临的就是这样的竞争、这样的无情。这一次的经历，让他明白了父母不会再给予有的父母能够给予的权势后门或金钱，他只有靠自己的一双手去叩开人生的一座座大门。虽然他还太小，但他必须这么做。残酷的现实已经迅速而有力地磨褪了一切童话的光泽。

分数公布那一天，我早早赶到学校。儿子一直站在阳台上望着，守候着我的身影出现在他的视野里。那焦灼不安的一上午所苦苦等待的，与其说是一个分数，不如说是一个符号、一个象征。我只是无法描摹那个符号究竟是什么，也实在说不清那个象征究竟是什么。我只知道它们如沉重的影子一直罩在我和儿子的头顶，我们未能走出它们的影子范围，却在苦涩的跋涉过程中，销蚀掉儿子心中残存的最后一缕童话，让他过早和童年挥手告别。我不知这是本该我们要付出的人生代价，还是我们自身太孱弱、渺小，始终无力走出我们自己制造的磨损我们自己灵性的怪圈？

儿子在阳台上远远地望见我骑着车回来了，没容我喊他，匆匆忙忙跑下楼，劈口便问："多少分？"

"两门总分196。"我笑着告诉他。这是他们全班的第二名，全校第三名的分数。他终于凭自己考进了我的母校。

他一句话也说不出来。我指着他的脚说："看把你慌的，鞋怎么穿的？"

他低头一看，鞋穿反了，左脚鞋穿在右脚上，忍不住嘴角一弯笑了，然后一下子扑进我的怀里。我感到肩头湿乎乎的，他哭了。我不打搅他，让他眼泪无声流淌……

1993年6月于北京

雪没有错

　　三年级第一学期期末考试作文题是《写一件事》。这个题目，老师在平常让大家都练习过，而且评改过。每篇三四百字，同学都背过，只要照抄就行。第一年学作文、考作文，这要求不高。

　　偏巧，考试前一天下起鹅毛大雪，纷纷扬扬的，校园里积起厚厚一层雪。小铁手套也没顾上戴，跑到学校和同学们打雪仗玩儿，玩儿得格外开心。他们男生和女生分成两个阵营对打起来。他一个雪球打在一个女生头上，女生顿时哭了，另一个女生安慰，她破涕为笑，又起劲地和大家打起雪仗来……

　　昨天刚刚发生的事，写这个不是更好吗？又有意思，又新鲜。小铁便没有照抄原来练习过的"一件事"，写了这次打雪仗。写完之后，数数字：387 个，符合要求，壮了壮胆交卷了。回家把底稿拿给我一看，错了四个字。我话还未落地，他先兀自哭起来："还不如写原来写过的练习呢！就不会有这四个错字了！"

　　我安慰他："你写这篇打雪仗是对的。写以前写过的，是搁了好长时间的点心，有什么新鲜的？再说又都是老师手把手教过的，全对也没什么！即使这篇错了几个字，老师扣掉几分，你也值得！因为这是你自己想出来的！你自己想出来的错了一点，也比照抄以前老师批改过的一点儿没错要好！这叫有缺点的狮子比没缺点的跳蚤要强得多!"

他笑了, 虽然心里还有些难受。第二天还要考算术, 这样的心态显然是不利的。我接着又对他说: "有一次美国大使和夫人参观上海少年宫, 看见小孩学画画的和老师在黑板上画的一模一样, 大使和夫人都很奇怪, 就问: '孩子画画嘛, 为什么非得都一样?' 孩子想怎么画就怎么画嘛! 这才有创造性呀! 画的都一样让人看着没意思, 要是写的都一样, 都是上车让座、放学扫地、送盲人过马路……你说和你写的打雪仗哪个有意思? 不管这次考试老师给你多少分, 我都觉得比 100 分还要好!"

他上学去了, 脚步又有了弹性和活力。

考试分数从来就是孩子和家长都格外看重的。这分数里自有学习优劣的差别, 也有家长的虚荣。分数自然重要, 却不是唯一的。尤其是孩子初临考场, 不要让分数变成庞然大物, 磨平他跃跃欲试的棱角, 将孩子本来拥有的一份活泼的创造性淹没在考试的汪洋大海里, 让孩子在分数鞭子的驱赶下变成一只只会亦步亦趋的小绵羊。有比 100 分更重要的。

成绩册发下来了。老师破例给他的作文 99.5 分。四个错字没有扣分。他实在是幸运的, 遇到的是一位好老师。

雪, 毕竟是洁白的。

1990 年冬于上海

149

中队符号

　　生活中的第一次，可能对于大人并不新奇，司空见惯，常常会让大人磨起厚厚的老趼而刀枪不入。

　　对于孩子，第一次将意味着什么呢？

　　儿子第一次坐飞机，是6岁那一年夏天。那一次，我带他到厦门。毕竟不是公园游乐场里的玩具飞机了，蓝天白云间的真正的波音737，对他充满极大的诱惑力。临飞的头一天夜里，他兴奋得没有睡安稳。偏巧，那一航班飞机起飞时间是在凌晨，生怕起晚误机，他把闹钟早早就拧满了弦，生怕到了关键时刻不响，又特意试验了一下，闹钟无误，方才把心放进肚里睡下。天还是漆黑一团呢，闹钟便惊天动地响起来。一叫他，一个鲤鱼打挺，从来没见他起床这么麻利过。

　　上得飞机，一切对他都是那么新鲜：舷梯、机舱、机翼、安全带……最让他感兴趣的是飞机上居然还发东西。他坐过火车，从来没见服务员发东西的。虽然不过是纸折扇和面包巧克力之类的小食品，他却很感兴趣。他不住打开折扇，似乎扇子里面藏有什么秘密；他津津有味地吃着面包和巧克力，其实那些东西平常他并不怎么喜欢。当飞机越飞越高，棉絮一样的白云就在身旁时，他是那样兴奋。

第一次坐飞机，让他充满新奇，像一个梦境。

儿子9岁那一年，我到广州出差，买了两个大椰子回家。他还从来没见过这么一身棕毛纷披的丑家伙，更不用说吃它了。

我把两个椰子扔给他说："你说怎么个吃法吧。"

他说："用锛头砸！"

我说："好的，你砸！"

砸不动。

全家人望着他抱着椰子，干着急吃不着，都不住地笑。最后，还是他妈妈帮助他一起先将外层的棕毛剥掉，又找来一枚大钉子，在椰壳上凿个洞，乳白色的椰汁总算流了出来。喝一口，清新无比。那乳白色的椰肉更让他唇齿留香，储放进冰箱里，一连咀嚼多日，满房间是飘不散的椰子味。

第一次吃椰子，让他难忘。那一年，老师要求写作文《第一次……》，他便写了《第一次吃椰子》。

四年级第二学期，因为搬家，我给儿子转了所学校。新校是所市重点小学，自然各方面条件都要好些。学生自以为是天之骄子，个个也很牛气。儿子在原校是个中队长，各方面都还拔尖，到了新校后却不显山显水。那时，他个子又矮又瘦，小豆芽儿一样排在队里，常有专爱欺生的同学欺侮他。他不说这些，只是不止一次对我流露出还是原校好，干吗非要转学？难道市重点就一定好吗？

有一天放学之后，班上中队长走到他的课桌前，当着全班同学的面对他说："老师让我们中队委员会研究了一下，由于班上中队委员配备齐全，你在原来学校的中队委不能在这里继续当了……"

他听后什么话也没说，当即将胳膊上的中队委符号摘了下来，塞进铅笔盒里。

放学回家，见他闷闷不乐，问他因为什么，他咬着小嘴唇不

说话。他妈妈悄悄告诉我原委之后，我一下子不知该对他讲些什么好。安慰？该如何安慰？

我想起当初他被选为中队委，老师发下这枚两道杠符号的那天晚上，我因事外出回家很晚。他就那么一直在小手心里紧紧攥着这个中队委符号等我，以至伏在沙发上睡着了。当我叫醒他的时候，他首先扬起这枚符号像是放飞一只白鸽子……

我知道对大人有时是不值一提的小事，对孩子却举足轻重。我也知道以后长大他会为这件小事而脸红，觉得不足挂齿，当时却是沉沉压在心头。如今让他摘下符号，对他的自尊心是一次打击。十年小小生命中，这对于他毕竟是第一次严重打击。如果经不起打击，自尊心挫伤而不能复原，便很可能如折断或伤了翅膀的鸽子，难以飞得高远。我知道该小心为是。

犹豫再三，我对他说："人活着，不管大人还是孩子，都不可能是一帆风顺的。谁都一样，都得经历点儿挫折。经得起挫折，其实就是磨炼了自己。第一次挫折，就跟跌第一个跟头一样，都是无法逃脱的，只不过也许来得早些，也许来得晚些。你别管它！它不像你第一次坐飞机、第一次吃椰子那么美，但比它们都更有意义……"

我不知我自己说得是不是太一本正经，满口大道理了？儿子能够听得懂吗？能够接受吗？能够走出第一次带有苦涩味道的挫折的泥潭吗？

儿子默默不讲一句话，只是悄悄将那枚中队委符号藏在书柜里的一本书里。他咬咬牙，对任何人再也不提起这件事。

我觉得，似乎从那一晚开始，儿子渐渐地长大了。

1993 年 6 月 11 日于北京雨中

春节聚会

平日里，庸庸常常的杂事、琐事乃至烦事如藤蔓缠身，脱身不得。一年一次的春节聚会便显得十分难得。虽然从北大荒回到北京已经近二十年，曾在一个队里搅过马勺、锄过田垄的"老插"们依然看重这聚会。只是人多，到谁家也坐不开。去公园吧，大冬天的委实不好消受，每年的聚会，都为找个宽敞的地方犯愁。

今年春节聚会，找到的是家幼儿园。当年的一位"老插"荣升为幼儿园的园长，算是近水楼台吧。无奈幼儿园的小椅子，实在坐不下我们一个粗壮的身子，真怕把椅子坐塌了架。只好从邻居工厂借来几十把靠背椅，买来些瓜子水果，清茶一杯，权且坐在明显矮得多的小桌旁，删繁就简的聚会倒也热闹非常。平日近在咫尺也难得一见，好不容易见面，话自然格外稠。一是人到中年，上有老下有小，疲惫的肩一担挑着并不轻松的两头，任你再涂各式防皱美容霜或"一染黑"之类的，也难消除岁月雕刻在面容上的痕迹。只有聊起北大荒，仿佛心尚年轻，毕竟一生唯有一次的青春岁月是在那里度过的。苍凉也好、苦楚也罢，北大荒是一枚永不褪色的贺年卡，燃起这一代人浓浓的怀旧情绪。

幼儿园，挺好。虽然不宽敞、不豪华，却很符合我们这些人

的心气。尽管年过四旬，只要是这样一聚会，心便如孩子一样幼稚和脆弱。这一代人的心理年龄与实龄，命中注定永远不成比例。

况且，大家都知足常乐。纵使幼儿园再小再窄再寒酸，想想北大荒，便也苦中有甜了。我们已经无可救药地在脑后长着双眼睛，往后看似乎永远比往前看得清晰。

三天之后，儿子班上小学同学聚会。

虽然他们才小学毕业仅仅一个学期，别情浓郁，聚会兴致浓烈得一点儿不亚于我们。见儿子兴致勃勃地走，哼着小曲踩着乐点儿归，除了感慨人生如流，岁月不再，只有羡慕。

让我实在没有想到的是：儿子的聚会居然在一家富丽堂皇的卡拉 OK 歌厅。为了他们的聚会，这一日下午卡拉 OK 歌厅停业，专为他们服务。烛光悠悠，乐曲袅袅，白衣白裙的小姐白蝴蝶般翩翩送来各式饮料，混响器里传出他们童音尚未变声的歌声……

我想起我们的聚会，我们那狭小的幼儿园，禁不住心中陡生一阵悲凉。

问一问儿子全班几十位同学此次聚会该要多少消费？儿子小手轻轻一捻：班上一位同学的爸爸认识歌厅的经理，一律免费。

我向儿子讲起了三天前我们的聚会。狭窄的幼儿园和豪华的卡拉 OK 歌厅，明显的悬殊比我和儿子年龄之间的悬殊还要无奈。儿子静静听我感慨完，没有讲话。我想，大概他被我们这一代人而感动，为我们的幼儿园而感动。像孩子常常渴望家长理解一样，其实，我们更渴望儿子的理解。

在这一天的日记里，儿子这样写道："回到家告诉爸爸今天我们的聚会后，爸爸说前几天他们也有个聚会，仅仅在一个幼儿园里，仅仅几杯淡茶，真够寒酸的了。我觉得这绝不是他们没有条件，而是没有意识——现代意识！"

我无话可说，只有瞠目。

当年，满北京城曾经为我们敲锣打鼓，欢送我们去北大荒，满北京城如今却没有一处可以为我们的聚会免费。儿子，我们不仅缺乏现代意识，还缺乏钱、关系、后门，以及敢于将正直与良心切成片或段出售的一把快刀。

城市最容易健忘，生命更崇尚年轻。

明年春节的聚会，我们将选个什么地方？

1994 年 3 月于北京

童言无忌

一天，儿子问我"山不在高，有仙则名；水不在深，有龙则灵"这两句话出自何处？我找了一本《古文观止》，告诉他这里有出处，是唐代刘禹锡的《陋室铭》。然后，我又找了一本《古代散文选注》，那里面有古文注释，让他自己去看这篇文章。

不一会儿，他便看完了。他的兴趣不在全文，只在开头那两句话。

他对我说："爸爸，你随便起个头，我都能照这两句话的形式给你往下编下来。比如说：爱不在深，有钱则行；人不在变，有权则灵。"

原来，是一种游戏。《陋室铭》繁衍成当代世风民情的晴雨表。不过，我不相信，儿子有那么大能耐，可以把世俗一切囊括进刘禹锡区区两句话中。

我随口说了一句："货不怕假——"

儿子爽口答道，似乎水到渠成，丝毫用不着什么考虑："货不怕假，回扣则灵；钱不在多，美元就行。"

我又说："饭不怕贵——"

依然对答如流，不带打磕巴儿："饭不怕贵，公款就行；酒不怕醉，请客就灵。"

再说:"路不在远——"

答:"路不在远,有车则行;钱不怕多,报销就灵。"

"调动不怕难——"

"调动不怕难,送礼就行;奖状不在大,发钱就灵。"

"厕所不在大,收费就行;旅馆不在高,有星就灵。"

"分不在高,后门就行;学不在深,有爹就灵。"

想想,是那么回事。爱情已沦陷于金银窟中;假冒伪劣产品防不胜防;公款请客一年消耗几个亿人民币;公费旅游万水千山只等闲;后门成风,无处不在;受贿行贿,明目张胆;货到公事办,火到猪头烂,有钱能使鬼推磨,再不是陈词滥调,而成了攻无不克、战无不胜的箴言;厕所收费花样翻新服务档次依旧,宾馆星级遍布如云服务档次亦如旧,种种只重包装而轻视实质的样子货不胫而走……哪一点儿子说得不对?哪一点不在刘禹锡这变种的两句话之中?

总想难住儿子。其实是想求得心理平衡,生活并不像你想得那么糟,也并非真能如你所说把一切弊端囊括在这两句话中。便又问了一句:"店不在大——"而且要求一式两份,做一鸡两吃的答案。

儿子嘴角一变,嘲笑于我,说道:"爸爸,我再白饶您一份,说三种答案怎么样?"

第一,"店不在大,有货则行;货不在多,便宜则灵。"

第二,"店不在大,合资就行;货不怕贵,名牌就灵。"

第三,"店不在大,有主儿就行;货不怕假,有托儿就灵。"

看来,什么也瞒不过儿子。刘禹锡若在天有灵,知道自己《陋室铭》开头两句话被儿子肆无忌惮改造出如此模样,该做何等感想?想想,又实在悲伤。小小的孩子竟然随口即出,翻云作

雨，将这两句话像玩弄烂熟的两张扑克牌，让你万变不离其宗，两头被堵的耗子一般无可奈何。究竟是人心不古，孩子个个百变成精，一夜恨不高千尺地长大，令我们瞠目？还是我们的社会弊端百出，我们的生活千疮百孔，难以再像变戏法耍魔术一样骗孩子天真一笑了？于是，才使得这两句话成为孩子手中的魔瓶一般，将我们大人的种种毛病乃至罪恶无一幸免地吸进瓶中，变成一只只萤火虫，在停电的夜晚照一丝光亮，帮助他看老师布置的家庭作业？

"爸爸，您再说呀，还有什么难题？"儿子得胜般兴致勃勃。

我说不下去了。这样的游戏不那么好玩。

1993 年 5 月于北京

听　歌

　　几乎没有孩子不喜欢流行歌曲的。

　　儿子也喜欢，只是不那么迷。这很对我的胃口。我总觉得对那些流行歌星如醉如痴的孩子实在有些傻。也许，因为我早已不是孩子了。

　　儿子听流行歌曲时，总是在他写作业或复习功课时。我开始反对，觉得这样还不分散精力、影响学习？儿子反对我的这种看法，他说每人有每人的学法，也有每人的听法，这样边学边听，写起作业来才不枯燥。我也可能的确不了解现在孩子的心了。谁知道！看他几乎每天写作业时都要拧开录音机，功课并未受影响，便随他听去。走马灯一样的歌星陪伴着他，万千乐队任他调遣，流行歌曲真成了复习功课的润滑剂呢。

　　儿子的流行磁带并不多。我常到音乐书店去买激光唱盘，他跟着我去自己看得多买得少。他挺苛刻的。港台歌星里，他居然不喜欢"四大天王"。对别的孩子如雷贯耳，他却不以为然。他说他们边唱边舞肯定影响唱，歌主要是听唱的。他忘记他自己可以边听边学，却不允许人家边唱边舞。我嘲笑他老鸹落在猪身上，只看见人家黑，看不见自己黑。他反唇相讥嘲笑我：你就是一头猪嘛！因为我是属猪的。

159

港台歌星，他喜欢为数极少的几位，是经过他千锤百炼的；而且并不是喜欢他们所有的歌，只是一两首，是经过千筛万选的。他喜欢叶倩文的《潇洒走一回》；郑智化的《水手》；王杰的《少年的心》。尤其喜欢罗大佑的歌。他极自以为是地给我上课："罗大佑的歌是从抒情到摇滚的过渡。有时慢慢的，极有情感；有时快极了，让人的心都跟着歌声跳动。"那时，我得极专心致志地点头，知音一般好让他继续讲下去。

他说罗大佑的嗓音有些沙哑，唱得并不是一流的，但他的歌词好，唱的都是平常的话，却能富有哲理。我便要如学生向老师提问一样举手认真地问："你能举个例子吗？"他向我举了《盲聋》这首歌为例："有人为了生存而出卖了他们可贵的灵魂。钢板的正面说着世界是清晨，钢板的反面说着世界是黄昏。"又举了《现象》："眼看着高楼盖得越来越高，可人情味却越来越薄。朋友之间越来越有礼貌，只因为大家见面越来越少。苹果的价钱越来越高，或许没有比以前的味道好，就像彩色的电视机变得越来越花哨，能辨别黑白的人越来越少……"然后，他向我总结：罗大佑唱的这些"现象"都是我们身边存在的现象。他的歌厉害，揭穿了世界，直戳人们的心脏，我就爱听这种深沉的歌。

这时候，我要打击一下他过于抬高罗大佑而贬低其他歌手的嚣张气焰，故意问他："什么叫深沉呀？我还真不懂！"他看出我不再是他的知音和学生，便一甩手结束了讲课："去！不跟你说了！"

不跟我说，他会憋不住。他说他不喜欢大陆的歌星。男的、女的，基本都不喜欢。男的，有的唱得不错，不能看人，比如刘欢，实在没法和人家四大天王比，人家个个都在一米八以上，长得让人看着就是舒服。咱们长得不错的，唱得实在甜汤腻人，没一点儿男子汉的劲儿，比如蔡国庆，整个一个甜面酱的嗓子。女的呢，他喜欢田震的歌，闭上眼睛想想，除了《黄土高坡》有印象，简直没有一首是她自己的歌，唱的都是别人唱的歌，像吃别人嚼过的泡泡糖。

我说你这么说也忒损点儿了吧？打击一大片，整个一个小脚老太太横胡撸！大陆歌手就没一个好的了？我看韦唯就不错，前些日子在上海和西班牙歌手胡里奥一起唱的《鸽子》，我听了就很感动。

他问我："《鸽子》？"我说："对！你没听过吧？学问还是不够呀！这首《鸽子》在全世界唱了几十年经久不衰！为了争夺这首歌到底属于哪一个国的，到现在还打着架争论不休呢！"

"那你说说，到底是怎么一回事？"这时，他成了学生了，认真地恳求你。我好不容易在他独霸的流行歌坛中插足站了一角一地，得好好运运气，给他上一课，让他以后少这样三下五除二，雨打芭蕉般把歌声正四处飘荡的歌星们都打得个落英缤纷。

我说："这首歌的作者是西班牙人，于是西班牙认为《鸽子》是西班牙的。他后来又加入了墨西哥国籍，墨西哥认为《鸽子》是墨西哥的。他写这首歌时在古巴，用了古巴的民歌旋律，古巴就说这首歌是古巴的。墨西哥不干，特意从古巴把作者的灵柩运往墨西哥隆重下葬……"

儿子眼皮一眨，仿佛感叹道："这只鸽子倒金贵起来了！"

我不知中计，还一本正经地说："好歌永远是这样的！"

他忽然问我："这只鸽子是公的是母的？"

我一怔。知道我自己连同这只鸽子一起落入了他的圈套。

果然，他自己先忍不住咯咯地鸽子一样笑起来说："要是公

的呢，就送给西班牙；要是母的呢，就送给墨西哥；然后让它们生只小鸽子，送给古巴！"

他笑出了眼泪，鸽子在他的泪花中漫天飞翔……

1993 年 7 月 2 日于北京

散　步

那时，我家楼后有一座挺大的街心公园。公园里有山有水，充满野趣。尤其新栽上枫树、柳树、丁香、樱花、雪松……春天里一片姹紫嫣红，夏天里到处绿荫蒙蒙，是喧嚣都市中难得的一角清静地方。

那时，儿子小铁刚刚上小学。晚饭过后，我常常带他到公园里散步。和大自然亲近，孩子会有一种天然的乐趣，远胜似课堂里呆板枯燥的生活。霞光在林间小径跳跃，筛下叶间的夕阳被风吹得一闪一闪，像是有许多小精灵在前面眨着眼睛，引你走向奇妙的童话世界，禁不住散步的脚步变得格外轻柔，如同踩着音乐的旋律一样。

忽然，有一次散步心血来潮，我指着新栽的树苗对儿子说："我考你一道题吧！你能说出公园里五种不同形状的树叶吗？"

他立刻兴致盎然，向前跑去，四处寻找，然后风一样跑回来，告诉我有针一样的松树、手掌一样的杨树、扇子一样的银杏、眉毛一样的柳叶、五角星一样的五叶枫……

大概这样的考题不难，而且挺有趣，我在散步时经常考考他，他也乐此不疲地回答，答不上来的问我，记住了回家再考妈妈和奶奶。散步时的小路上跳跃着儿子欢快的声音，像是"扑簌

簌"飞起飞落、一群群啁啾不停的小麻雀。常常觉得小路还没怎么走就到了头，落日的余晖不知什么时候便飘散消融在小河中，夜色轻纱般笼罩上来，街灯一盏盏如倒悬的莲花盛开了……

一天傍晚散步，忽然见儿子神秘兮兮从衣袋里掏出一张纸，眨巴着眼睛笑眯眯对我说："爸爸，今儿我也考你几道题!"原来，纸上抄满密密麻麻的他自以为有意思的挺难的题，不知他是从什么书上抄来的。

"行呀! 你那儿的题，爸爸都手拿把掐!"

"你先别吹牛! 我问你：世界上最大的动物是什么? 最小的鸟叫什么鸟?"

哎呀! 我还真不知道，人的许多实际问题还顾不过来，谁还关心什么鸟呀动物的。

"告诉你，最大的动物是蓝鲸，最小的鸟叫蜂鸟!"

他可以考大人了，而且可以考住大人了，看他高兴得无与伦比的样子!

从此以后，散步时的考试是对等的。我考他五道题，他也考我五道题。我把他课本中的题找出来，或者找一些常见的自然、文学、社会常识题考他。他呢，那一阵子异常喜欢地理和动植物，拼命翻他新买的几本宝贝书，选一些自认为我绝对答不上来的题，如塔那那利佛是哪个国家的首都? 长颈鹿为什么不会讲话? 我国一类保护动物有哪些? ……

我真的答不上来。有的，是故意答不上来。他乐得好开心，便越发考我考得来情绪。当然，如果我一并都答不出，他也会索然无味，无异于对牛弹琴，逼迫得我也得抽时间翻他那些地理万花筒、动植物趣闻的宝贝书，不能让他总是赢家。输的时候，他得老老实实求教我，或者回家翻翻书。

一天散步快走出公园时，我指着一株合欢树问他："你知道这种树叶有什么特点吗？"他摇头。我说："它的叶子像含羞草一样能闭合，不过要到晚上！"他不信，拉着我的手非要坐等到晚上眼见为实。我说："离天黑还早！明天我们晚点儿出来散步时再看！"他可等不到明天，当天晚上一个人就又跑回公园里，摘下一片合欢树叶，顶着星光月色的夜空惊讶得发呆。

对于孩子，天空中永远挂着一个个奇异的问号。考试，其实不过就是从天上摘下这一个个如小星星一样的问号递给他，本来该是件有趣的事，却常常在我们大人耳提面命的威逼之下变得狰狞可怕了。

能够让孩子觉得考试和游戏一样有趣该多好！试题如同从圣诞老人口袋里掏出的一件件新奇的礼物该多好！……

可惜，以后，我和儿子很少再去散步，散步时的考试也就消失了。可能是因为我们搬了家，楼后是一条嘈杂的街道，再没有了街心公园；也可能是因为儿子已经上了中学，渐渐长大，不再愿意和家长一起散步，也不再屑于那孩子时的幼稚天真。

1993 年 2 月 12 日于北京

节　日

　　曾独自一人浪迹天涯漂泊惯了，从不把节日放在眼里和心上。插队时正年轻，青春仿佛如刚刚打开瓶塞的啤酒，有不尽的泡沫可以由我任意喷吐。有一年我从北大荒、弟弟从青海回京探亲，正赶上过中秋节，都想尽尽孝心，给老人买点儿月饼。到稻香村一看，天呀，排队买月饼的人似乎比月饼还多。我对弟弟说："你说这些人怎么这么想不开呢？非得赶上今天吃月饼不可？一过中秋节，没人排这么长的队了，再吃不行？月饼还能两色两味怎么着？"弟弟还未讲话，旁边一人先搭腔："那你明天再买得了呗，干吗今儿来排队？"顿时，噎住了我的肺管子。那队，排得真长，真累！

　　节日，那时不被我忽略，便成了我的累赘。一直到结婚，一直到有了孩子，节日才逐渐变得清晰、可触可摸、有情有义、含温带热起来。

　　那一年儿子9岁，中秋节前夕，我到天津讲课。虽然课讲完已经是中秋节的黄昏，主人备下螃蟹美酒连同热情留我过节，我执意乘晚车赶回北京。那一晚，车厢里很拥挤，到北京我足足站了两个多小时。车厢里的人大多是赶着回家过节的，车厢里的气氛格外浓郁。它是从节令更是从人们心底溢出来的一种无可抗拒的情感和期待。

赶到家时，已是晚上十点来钟。推门一看，一家人正眼巴巴地等我归来呢。儿子先扑上来说道："天黑前我还到路口迎你去了呢！迎了半天没迎着，一路回家一路想，不管到哪儿出差，过节都应该回家来呀……"

儿子说得对！过节就是团圆的日子，不管走多远，这一晚应该千条江河归大海，流回到家的怀抱。我庆幸自己赶了回来，要不真对不起儿子天黑之前到路口焦灼盼我的那一份亲情。薄暮时分，晚霞飘散，路静人稀之际，儿子孤零零垂立街头的情景，如一幅卷不动的画，总悬挂在我的眼前，让我难忘。事后，我常想起曾经看过的一部苏联电影，忘记了叫什么名字，影片最后有这样一个镜头：一位白发苍苍的老母亲在路口的大树旁等她的儿子归家，那也是一个薄暮时分，落日将老人家的白发镀得一片金黄……

我年轻的时候，很少想到节日的黄昏时分会有白发苍苍的父母在盼望我的归来。那时，不惜千金买宝刀，貂裘换酒也堪豪，节日里自有我们的痛快淋漓。多少次喝得酩酊让血液燃烧，而单单忘记节日如同风筝放飞，为什么只顾风筝飘飘摇摇痛痛快快这一头，不顾牵线的那一头？父母是多么盼着儿女不论飘飞多远，在节日这一天都飞回父母的身边！我把多少永难追回的节日，连同自己的青春一并挥洒出去，还自以为在干什么男子汉的事业！为什么只有在自己有了儿子以后才懂得节日的意义呢？在儿子与父母的天平两端，我会如此一头沉地倾斜！

去年圣诞节前夕，我出差去上海。天长路远，无法归家，心里很觉得对不住儿子。那天晚上，飘着淅淅沥沥的雨，我在淮海中路的一个里弄口，看见一位白发老妈妈打着伞在等人，滴滴雨

珠滑落伞下，打湿老人的衣襟和发丝，可她就那么站着，望着，孤零零地，默默地等着。我不知老人家在等她的什么孩子，只觉得自己心里一阵阵犯紧。仿佛老人家就是在等我归家……

是啊，只有身为父母时才懂得父母的心。童年、少年乃至青年，总是阴阴的雨打湿父母的心而不察觉。待自己真正长大了，想把那一轮太阳还给父母了，父母已是夕阳沉沉了。

儿子，你让我想起我的爸爸妈妈和那许许多多本该和他们团聚却无可追悔的节日！

1992 年春节于北京

第一次给儿子写信

人的一生中要遇到许许多多的第一次，比如第一次学走路，第一次学说话，第一次唤爸爸妈妈，第一次恋爱，第一次远行，第一次发表文章……

第一次，犹如春天刚吐出的绿芽，冬天初降下的瑞雪，富于清新的新鲜感，千万不要让它漫不经心地从身边倏忽溜走。

今年初冬，我到广州参加六届全运会。羊城花团锦簇，万象更新。忽一日寒潮袭来，从电视中看到北京城竟已飘落雪花，才想起到广州已经近半个月，该给家中写封平安家书了。于是，提笔给爱人写了封信，谈及在广州所观所感及思念之情。并且写了在白云宾馆的商场中看到一种叫作"沙漠大战"的儿童电子游戏机，准备给儿子买一台带回北京。信的最后带了一笔，问儿子肖铁的学习情况，他刚刚上二年级。

当我将信写毕，又将这最后捎带的一笔涂掉。我忽然想应该给儿子认认真真写一封信了。临来广州之前，他自己已经能够读安徒生的童话和赵丽宏新寄来的报告文学集《心画》了，我的信，他一定也能够看懂了。看爸爸写给他自己的信，一定会比读那只在给妈妈信尾"挂角一将"的信更有趣。这样一来，他就会觉得再不只是个小孩子，而是享有同妈妈一样权利的大人了，和

妈妈一样平分秋色，将信各自一半各自来读了。想到这儿，我特地找来一张稿纸，每格一字，端端正正，不敢把字写潦草，免得他认不出来，失去读下去的趣味和勇气。我像对待一个男子汉一样给他写信，告诉他我在广州正在做什么，去了哪些地方，告诉他我很想念他，最关心的便是他的学习，不知道我离开家之后，他的学习计划执行得怎么样？每天学习画画又有什么进步没有？我还告诉他：有一天我到广州植物园，在两排秀丽的椰树下遇到一群活泼可爱的大学生，他们是刚刚考入广州师范学院的学生，一听就听出我的北京口音，请我为他们照一张合影。我信中说，有一天，你也会长大，长得像这群刚入学的大学生一样大。有一天，我也许会在这样一群年轻人当中巧遇到你，那该多有意思啊！

信尾，我没有告诉他为他买了电子游戏机，我只是说：我回家之后，你一定会将你学习进步的成绩送给我的，我也一定送给你一件好礼物。不过，我先对你保密，但你一定会喜欢的……我留给他一个小小的悬念。

这是我第一次给儿子写信。我写得很认真，既要让他看懂，又要让他看得有趣，并且从中体会到做父亲的远在天涯的一片心意。

这第一封信，对于孩子会起到什么样的作用呢？他会用什么样的心情、什么样的眼睛来读这封信呢？不得而知。当我把这封信投入绿色的信筒，也给自己留下一个小小的悬念。

全运会结束，我回到北京。因为飞机是晚间从广州起飞，我回到家中已是深夜一点，孩子早已经浸入梦乡之中。爱人对我说："孩子要我等你回家一定要叫醒他！"太晚了！我没有叫他，只是在他的小脸蛋上轻轻地亲了一下。谁知，这一刹那之间，他竟然醒了，立刻从枕头底下翻出一个折叠的硬纸卡片。我打开一看，是份请柬：请肖先生参观迎接八八年肖铁画展。方方正正的小字——出自儿子的手笔。他得意地笑了笑，很快又进入了梦乡。肖先生，孩子居然大人般这样称呼我，我也笑了。

爱人告诉我："你的信，孩子看了特别高兴，也特别认真。他说你要送他礼物，他也要送你一个意想不到的礼物呢！你没回来这些天，他天天抓紧时间画画，在奶奶那屋里摆了一屋子，明天早上你去看吧！"

我没有想到，第一封给孩子的信会起到这么大的作用，孩子看它竟如此认真。说实话，当初在广州我心想孩子只会感到新奇罢了。谁知道他竟办出个小小画展迎接我。这么一来，礼物超出礼物的价值，而信也便显示出独具的魅力。这么一想，我给孩子的信应该写得内容更多，也更应该认真些才好。

第二天清晨，孩子起得特别早，先拉我到奶奶房间看他的"迎接八八年画展"，墙上贴满了，又拉起绳子来挂。抬头能碰到画纸，哗哗作响，像是奏着欢乐的小曲。还真像模像样。对于他来说，自己动手办这样一个画展可不是小事。一切自己动手，才是创造，才会有乐趣。我表扬了他。他很高兴，向我说了他的学习情况，完成了学习计划，还能填充世界地理各国地图的国名。他也没忘掉告诉我还有马虎现象，算术做错过习题，语文前几课学过的生字也有写错的。孩子将一切说毕，问我："你给我的礼物带来了吗？"我将那"沙漠大战"的电子游戏机送给他，他高兴地玩起来，坦克车在与飞机抛下的一颗颗炸弹周旋，而他挂满一屋子的色彩缤纷的画在清晨的阳光下闪耀。

这里，我不由得想对所有做父母的讲：谁都会有第一次给孩子写信的情况和机会的，那么，请千万珍重人生中的这第一次吧！

1987 年 12 月 14 日于北京

最后一个儿童节

　　这件事说来也许有些尴尬，却极为有趣。

　　今年"六一"，是儿子的最后一个儿童节。这一天，学校要组织他们到龙潭湖公园举行退队仪式。

　　"六一"前一天晚上，他放学回家开始翻箱倒柜，找了一脑门汗一无所获，急不可耐地问我："爸爸，你看见我的红领巾了吗？"

　　我说："你的红领巾不放好地方，问我？你这不是当官的把印丢了吗？"

　　最后，妈妈帮助找，终于从他床头柜的小抽屉里找到了红领巾，虽然面料极好，还是绸子的呢，却已经揉搓得皱皱巴巴的，像牛嘴里嚼过一样。

　　他已经上初一，马上就要上初二了，自以为不是小孩子了，便也越来越不爱戴红领巾，早已经失去了戴红领巾的兴趣和新鲜感。有时候，老师检查，非戴不可，无奈系在脖子上，总觉得像幼儿园的娃娃系围嘴一样，显得十分可笑。尤其和高中同学擦肩而过，更觉得自己实在像一年级的小豆包，一打一蹦高。于是，当老师检查走后，他常常赶快摘下红领巾，揉搓揉搓塞进书包里。红领巾能不皱巴巴？

172

孩子的心都是这样，一夜恨不高千尺，恨不得早点儿长成大人，再不听别人叫自己小孩子。正如父母总企盼自己变得年轻的心态一样，只不过向着相反的两极发展。对于孩子，红领巾成了小孩子的象征；对于父母，各式美容霜、防皱霜、一染黑之类成了返回青春的精神安慰。

明天，将是儿子最后一次戴红领巾了。他很高兴。不过，这种高兴与刚刚入队时第一次戴红领巾已经大不相同。他现在高兴的是终于可以告别红领巾、告别童年，成为大人了。似乎红领巾成了系着他要飞翔的翅膀的一条鲜艳漂亮却累赘的红丝带。

妈妈特意把红领巾洗好、熨好。无论第一次，还是最后一次，在父母眼里都是值得纪念的。当然，父母心里更清楚，联结最后一次与第一次之间的是儿子成长的足迹，是父母生命的流逝。

儿子的最后一个儿童节。天气很好，阳光灿烂，如同儿子畅快的心情。当大队辅导员刚刚讲完头一句话："我们全体初一同学正式退队……"儿子便立刻摘下了早晨刚刚戴上、几乎还没有焐热乎的红领巾，和同学们一起欢呼起来。仿佛就在这一瞬间，他一下子长大了，再也不是小孩子了！

儿子此刻还难以思悟到，生命的成长并不是时时如庄稼，夜半时分可以听见拔节的清脆响亮的声音；更不会如街头崩的爆米花，"砰"的一声顷刻之间即可崩个满怀。摘下红领巾，只是长大的开始。摘下红领巾这一刻与未摘红领巾之前，并没有多少区别，说到底，还是孩子！

儿子却认为长大了。走道都有了劲头。他和同学们沿着湖边跑去，像放飞的一群鸽子，不知要飞得多高，多远。

就在这时候，生活和他开了一个小小的玩笑，不经意之间却

给了他一个有意的忠告。

儿子和几个男同学在湖边看见几个女同学划着船向岸边靠来。女同学想要上岸，让他们上船，自然对他们是件快事。他们都自诩为长大了嘛，自然上船要像大人一样，尤其要像电视里的英雄好汉一样，风度翩翩、艺高胆壮、姿态漂亮、潇洒。

船尚未停稳，女同学尚未下船，他们已经跃跃欲试了。

儿子先跳上船，幸好平安无事。

第二个男同学往船上跳的时候，船正打着晃，他一脚没踩稳，掉进水中，双手紧紧抓住船帮，才没有遭受灭顶之灾。

可是，他这样死抓船帮，小船立刻一头沉倾斜。船上的小大人们全都慌了手脚，儿子吓得一句话喊不出来，脚像生了根，一动也不敢动，任凭小船摇摇摆摆。弄不好，船再向一边倾斜，重心偏移，小船就要翻过来，一船人都要折进水中……

这时候，幸亏路过一位年轻的叔叔，伸过来一双有力的大手，先一把把落水的小男子汉从水中拽了上来，又一把拉住船拢岸，让女同学一个个平安跳上岸来。

就在这转危为安的一瞬间，儿子的表现极为有意思，他没有立刻恢复元气，如刚刚往船上跳时的趾高气扬，像只昂着血红鸡冠的小公鸡了。他竟然腿突然软下来，一屁股坐在了船上，瘫成一摊泥。

惊魂甫定，心重新安安稳稳放进肚子里，照料好落水的同学，一并重新上船，将小船向湖心划去的时候，他们才忽然想起救他们的那位叔叔，却已经找不到了。他们想道声"谢谢"都来不及了。湖面上，只有阳光跳跃；岸边上，只有柳荫摇曳……

湖水和小船，和儿子他们开了个玩笑，或者说，给了他们一次小小的磨炼和考验。刚才狼狈得就差没喊救命了，男子汉的劲头一点儿没有了。脱离小孩子长成大人，看来并不那么容易。

划过许多次船，没有这次划船留给他的印象深刻。

过过 13 次"六一"儿童节，没有这最后一次让他难忘。

回到家中，他向我讲了他们这次湖上遇险的经过。儿子什么事都愿意回家说说，不管光彩与不光彩、得意与不得意。凭这一点，他就远远没有长大。他还没有学会遮掩、学会选择、学会报喜而不报忧。他还沉不住气。

妈妈听后立刻说："你看你多危险呀，下次可别逞这份能！"

我不失时机地敲打着他："你不是说你长大了吗？怎么这么一点儿风浪都经不住，吓得尿都快出来了吧？"

他嘿嘿地笑，不讲话了。

以往批评他时，他哪怕占着百分之一的一点儿理，也要和你争得脸红脖子粗，尤其反感你说他是小孩子！他在日记里不止一次地发过牢骚："在父母的眼里，你永远是弱智，永远达不到他们的要求。虽然你已经解出了他们不会的难题，知道了他们不懂的道理，但你永远没有他们好，一句话，你永远是孩子……"那时，他真是一只抖尾振翎的小公鸡。现在，他却一句话也不说了。

我见好就收，也不再多嘴。生命的成长需要时间，思想的感悟需要自己咀嚼才能化为营养为自己身体吸收。其实，细想起来，孩子总过早渴望自己长大，家长何尝又不是如此？在家长的潜意识里，孩子长多大也是孩子；在家长实际教育过程中，却往往拔苗助长希望孩子早日成人并时常不切实际地用大人的标准衡量、要求孩子。在"渴望长大"面前，孩子和家长的心理同样急切，自然便同样会出现问题和笑话。

生命是一个谜，我们常常被生命裹挟、左右，便很难弄清

它。待我们稍稍弄清它一点点时，生命就这样一点点飘逝了。这是儿子和我共同面临的课题。

我应该感到欣慰，事过境迁之后，儿子并没有像撕下一页过去了的日历，随手抛进垃圾筒里，遗忘得没有一点儿影子。他学会并逐渐懂得咀嚼、反刍。

他在作文里这样写他的这个最后的儿童节："是啊，我们还没有长大，至少刚才在船上那慌慌忙忙的时刻，我们还是小孩子。长大成人并不像退队脱下红领巾那样简单，我们还得努力磨炼，在人生的道路上继续奔跑。我们正在长大，我们能够长大。有一天，在湖边、在山上、在任何地方再发生这样的意外，我们也会像那位叔叔一样伸出有力的大手，那时，我们便真的长大了……"

亲爱的儿子，我是多么盼望你能够早日长大，又是多么不希望你早日长大！并不仅仅因为你长大了，爸爸就要老了，而是希望你能长久生活在大人世界里所稀少的或根本不会存在的唯孩子天地里才会大把大把拥有的纯真、透明和美好！虽然，我知道你会不可避免地长大，一直长得比我还要大，我依然渴望能挽住岁月的流水！让我就那样无可挽回地老下去吧，而你，我亲爱的儿子，你永远是一个孩子！

1993 年 6 月 28 日于北京雨中

拥你入睡

儿子上初一以后，忽然一下子长大了。换内裤，要躲在被子里；洗澡，再也不用妈妈帮忙，连我帮他搓搓后背都不用了。

我知道，儿子长大了，像日子一样无可奈何地长大了。原来拥有的天然肌肤之亲和无所顾忌的亲昵，都被儿子长大拉开了距离，变得有些羞涩了。任何事物都是有一些失去，才有一些得到吧？

有一天下午，儿子复习功课，累了，躺在我的床上看电视。实在是太累，刚看了一会儿眼皮就打架了。他忽然翻了一个身，倚在我的怀里，让我搂着他睡上一觉，迷迷糊糊中嘱咐我一句："一小时后叫我，我还得复习呢！"

我有些受宠若惊。许久、许久，儿子没有这种亲昵的动作了。以前，就是一早睡醒了，他还要光着小屁股钻进你的被窝里，和你腻乎腻乎。现在，让你搂着他像搂着只小猫一样入睡，简直类似天方夜谭了！

莫非懵懵懂懂中，睡意蒙眬中，儿子一下子失去了现实，跌进了逝去的童年之中，记忆深处掀起了清新动人的一角？让他情不自禁地拾蘑菇一样拾起他现在并不是真想拒绝的往日温馨？

儿子确实像小猫一样睡在我的怀里。均匀的呼吸，胸脯和鼻

翼轻轻起伏着，像春天小河里升起又降落的暖洋洋的气泡。

我想起他小时候。妈妈上班，家又拥挤，他在一边玩，我在一边写东西，玩着玩腻了，他要喊："爸爸，你什么时候写完呀？陪我玩玩不行吗？"我说："快啦！快啦！"却永远快不了，心被笔拽走得远远的。他等不及了，就跑过来跳到我的怀里，带有几分央求的口吻说："爸爸！我不捣乱，我就坐在这儿，看你写行吗？"我怎么能说不行？已经把儿子孤零零地抛到一边，寂寞了那么长时光！我搂着他，腾出一只手接着写。

那时候，好多东西都是这样搂着儿子写出来的。他给我安详、给我亲情、给我灵感。他一点儿也不闹，一句话也不讲，就那么安安静静倚在我的怀里，像落在我身上的一只小鸟，看我写，仿佛看懂了我写的那些或哭或笑或哭笑交加的故事。其实，那时他认识不了几个字。有好几次，他倚在我的怀里睡着了，睡得那么香那么甜，我都没有发现……

以后，我常常想起那段艰辛却温馨的写作日子，想起儿子倚在我怀里小鸟一样静谧睡着的情景。我觉得我的那些东西里有儿子的影子、呼吸，甚至睡着之后做的那些个灿若星花的梦境……

儿子长大了。纵使我又写了很多比那时要好的故事，却再也寻不回那时的感觉、那一份梦境。因为儿子再不会像鸟儿一样蹦上你的枝头，那么纯真天使般倚在你的怀里睡着了。

如今，儿子居然缩小了一圈，岁月居然回溯了几年。他倚在我的怀里睡得那么香甜、恬静。我的胳膊被他枕麻了，却不敢动，怕弄醒他。我知道这样的机会不会很多甚至不会再有，我要珍惜。我格外小心翼翼地拥着他，像捧着一支又轻又软又薄又透明的羽毛，生怕悄悄一失手，羽毛就会袅袅飞去……

并不是我太娇贵儿子，实在是他不会轻易地让你拥他入睡。

他已经长大，嘴唇上方已经长起一层细细的绒毛，喉结也已经像要啄破壳的小鸟一样在蠕动。用不了多久，他会长得比我还要高，这张床将伸不开他的四肢……

蓦地，我忽然想起儿子小时候曾经抄过的诗人傅天琳的一首诗，其中有这样几句——

你在梦中呼唤我呼唤我

孩子你是要我和你一起到公园去

我守候你从滑梯上一次次摔下

一次次摔下你一次次长高

如果有一天你梦中不再呼唤妈妈

而呼唤另一个陌生的年轻的名字

那是妈妈的期待妈妈的期待

妈妈的期待是惊喜和忧伤

我禁不住望望儿子。他睡得那么沉稳，没有梦话，我不知他在睡梦中此刻是不是在呼唤着我？我却知道会有这么一天，拥他入睡的再不是我，而在他的睡梦中更会"呼唤另一个陌生的年轻的名字"。亲爱的儿子，那将如诗人所写的那样，是爸爸的期待，爸爸的期待是惊喜又是忧伤。哦，我亲爱的儿子，你懂吗？此刻的睡梦中，你梦见爸爸这一份温馨而矛盾的心思了吗？……

1993 年 7 月 1 日于北京

179

一个父亲的手记

一个父亲的手记

三角与圆

当一个父亲，越来越难了。

当然，这是指当一个好父亲。随便当一个父亲，并不难，只要你是一名男的，能在茫茫人海中找到一个女的，彼此具有正常的生育能力。

孩子往往首先从父母那里感知世界。一个好父亲就是一艘船，载孩子驶向广阔的世界。这并不那么简单，像在公园湖水中随意荡起双桨就行。无意中的一划，兴许就划出一道银河，奠定孩子一生的基石或指向。

我的儿子肖铁三四岁时候，全家困难得连个窝都没有，借住一间仓库权且栖身，四周弥漫着染料和臭河水混杂一起的气味。百无聊赖之中，我对孩子说："你信不信我用三角和圆能画出动物来？"他摇摇头。我纯粹是闷得无事可干，又无处可去，才突然冒出这么个念头，打发一下寂寞日长的光阴。他却认真地望着我，以为我能变出什么好看的魔术来。我便接着问："你会画三角和圆吗？"他点点头，很快便在一张纸上画出好几个三角和圆，这难不倒他。我便在他的圆上添上一个三角当小嘴，圆内再添一

个小圆做眼睛，圆下画两根直线当腿。"小鸡!"他眼睛一亮，叫了起来。

没错，是小鸡，极笨拙的一只小鸡，比丑小鸭还要丑的一只小鸡。

"爸爸，你还能用这些三角和圆画别的吗?"

"随便! 你想画什么就能画什么!"

我只是脱口而出，打发他而已。那只小鸡便也被我随手一扔，不知扔到什么地方。日落西山，他妈妈快下班了，我看孩子的任务快完成了。

谁知，第二天，我发现孩子用他仅仅会画的三角、圆和方块。在纸上七拼八凑，居然画出好几种动物。比如狮子：圆脸，小圆鬃毛，三角身子；兔子：圆脸，三角耳朵，方块身子……我好惊讶，他画得好快活。我没有想到只不过是随意一说打发孩子玩的话，居然起到这样的作用。孩子没有想到那简单的三角和圆居然能变幻出神奇的动物。小仓库因这些三角和圆有了色彩，单调的日子因这些三角和圆而焕发生气。

肖铁就是从这时爱上画画的。他的画居然还参加了中日小朋友绘画展览，跑到日本去展出。自然，我也长了一些学问。切莫轻视做父亲偶然间的一言一行，尤其是孩子幼小时，那真是一张太白太纯的纸。我们要做的是学些真本事，有意识地和孩子一起认识世界。

取消"保留节目"

做父亲常犯一个毛病：高兴时把孩子当成玩意儿，生气时把孩子当成出气筒；疼来时心肝宝贝地供着，烦来时恨自己当初何必生他。

　　眼下，幼儿教育成了时髦话题。买钢琴、学画画，比比皆是。尤其是星期天，大人陪着孩子背着画夹，夹着电子琴拜师去，似乎以后个个能出落成凡·高或贝多芬。没钱没工夫置琴学画的，也得让孩子背背唐诗，如果连诗都不会背，那孩子似乎注定长大没出息。肖铁四五岁时，我也曾教他背一些古诗，诸如"鹅鹅鹅……"、"一去二三里……"之类，而且还背过普希金的《渔夫和金鱼的故事》。他背得挺快，也挺爱背。家里来个客人或外出做客，常常把孩子牵到客人面前，背背这些诗便成了他的保留节目。大家听完呵呵一乐，大人孩子皆大欢喜。

　　有一次，家里来了客人，我就像一盘重复放了多遍的磁带一样对他说："小铁，给叔叔背首唐诗吧！"这一回，不知为什么他不大高兴，噘起小嘴，任我叫了几次，铁口钢牙撬不动，就是不背。我觉得真塌自己的脸面。客人走后，他见我一直铁青着脸，走到我身边叫了声"爸爸"，我不理他。一连叫了几次，我也是来个铁口钢牙撬不动，就是不理他。他见我真的还在生气，一时不知怎么才好，嘴嗫嚅一会儿，突然眼泪汪汪地拉着我的手说："爸爸，爸爸，我给你背首诗吧！"

　　听完他这句话，我的心像被针扎了一样难受。眼泪差点没掉下来。我好浑呀！我为什么非要孩子服从自己不可呢？就因为你是爸爸？难道就不允许孩子有不高兴的时候？他不高兴背就不背，这是孩子的独立性格。非得听你爸爸的？背诗简直成了一种太容易掉漆的装饰，一种家长虚荣心的满足。孩子不背做得完全对，唯独最后对我说"背首诗吧"是错了。孩子的棱角被我磨了。这样下去，只能看你的眼色行事，唯命是从，仰人鼻息，我们从小受这种影响还不够大吗？

　　我一把搂住孩子："小铁，不哭，不怪你，是爸爸不对！"他的眼泪"刷"的一下子流了下来。

从此，我家里取消了背唐诗这种"保留节目"。

🌸 画着莫扎特的贺年卡

我那孩子不喜欢音乐，这实在是憾事。但孩子对物事有喜欢的必有不喜欢的，做家长的不必求全责备。可恼人的是，每逢上音乐课，他都格外紧张；考试前更在家中把歌反复唱熟，但一到课堂上还会忘词。这是怎么回事呢？

我问他，他不答。不过我也心知肚明。我知道那位女音乐老师年近五十，非常有经验，格外认真；但也性子急躁，方法简单些。有一次，儿子到音乐教室上课，忘记带音乐课本。于是他被叫到讲台前罚站。从此，音乐与他之间筑起一道墙，见了音乐老师，又害怕又反感。

我该怎样解除他的心理障碍呢？我对他说，老师的心，我们要理解。她正是出于对音乐的热爱、对工作的认真才这样做的。当然，她的处理方法完全可以更好些。但我们怎么可以要求老师一下改变近一辈子养成的性格和秉性呢？你看你才几岁呀，有的性子还扭转不了呢！看人要看大方面，尤其要理解人……这样的话，不知讲了多少遍。他听懂了，但一见音乐老师，这话便又变得轻飘飘打不起分量来了。

一次，学校组织合唱队，音乐老师在班上选同学参加，问谁合适？同学们都推我儿子："肖铁嗓门亮，让他去！"他心想老师肯定不会让自己去的，平日总批评自己，还罚过站，再说老师有她的得意门生。可没想到，老师却又选中了他，说："肖铁的嗓子是不错，参加合唱队去比赛，为咱们学校争光去！"

这完全没料到的事，对肖铁触动很大，回家练歌格外来情

绪，对着录音机一遍遍地练。我对他说："怎么样？你们音乐老师就是这么个直性子的人！她人挺好！你要理解！别光钻牛角尖儿！"

这一年新年，儿子画了许多张贺年卡，特地给音乐老师画了一张莫扎特弹琴的人像，下面写了这样一行小字："让莫扎特的琴声永远伴随着您！"音乐老师教了他两年，以前从未收到过儿子的贺年卡，因而非常高兴，当着全班同学举着莫扎特像说："你们看肖铁自己画贺年卡！不像别人只会买。这莫扎特画得多好！"可以想见，老师的心有多甜，孩子的心有多甜。

理解人，不能只要求别人理解你，对于孩子，这更是从小要培养的课题。

🌸 妈妈不在家的时候

妈妈不在家，是儿子和爸爸最苦的时候，常常会发生莫名其妙或意想不到的事情。

那一年小铁过生日，正赶上他妈妈到天津办事。我给孩子买了个不小的蛋糕，插上红红的蜡烛，望着孩子红扑扑的脸膛，心想他妈妈不在，孩子的生日过得冷清，他平日最爱吃奶油蛋糕，就可着劲儿让他随心所欲饱餐一次吧！孩子吃得挺美、挺多，红嘴唇都变成了白嘴唇，小下巴上也粘上了奶油，像长上了白胡子……

半夜，奶油蛋糕就发酵般起作用了。"哎哟！哎哟！"小铁疼得从睡梦中哭醒。打开灯一看，可吓了我一跳，孩子的半个腮帮子肿得像发面馒头。蛋糕吃得太多了，我却一点儿也没管，还以为是为了儿子生日快乐呢！我轻轻摸着他的小脸蛋说："都怪我！都怪我！"一听这话，孩子突然止住哭声，小胳膊伸过来，一把紧紧地搂住我的脖子，叫道："爸爸，不怪你！不怪你！你是为我！"这一夜，他再没哭、再没叫。我知道，其实他挺疼，一宿翻来覆去没有睡安稳，就那样紧紧地依在我的怀里。

又一次妈妈没在家，我又当爹又当妈，赶巧天气变幻无常，我着了凉，半夜里突然高烧不退。孩子睡不着，一会儿爬起来摸一下我的脑门，大概烫得他的手心够呛，吓得够呛，忙问："爸爸，怎么办呀？"我说："没事，就是感冒了！你帮我从柜门里拿点药，吃完就好了！"他跳下床，顾不上穿拖鞋，光着脚丫把药拿来，又替我倒了一杯温开水，看着我把药吞下。他要依着我睡，我说："爸爸感冒了，别传染上你。你自己睡好吗？"他听话地点点头。天快亮了，小铁又醒了，爬起来用小手摸摸我头，还是那么烫，止不住哭了起来："爸爸，烧还没退！我背你上医院吧！"这话让我感动，我不想让他这么伤心，故意开玩笑对他说："你背得动我吗？"他认真地说："背得动！我背得动你！"我一把紧紧地搂住他："好孩子，爸爸没事，一会儿就会好的！"他把脸紧紧扎在我的怀里："都怪我，都怪我！"我说："别瞎说！怎么怪你呢！""妈妈不在家，你太累了！我又常常不听话！是怪我……"

我一时不知说些什么了，只是搂住他。他对我说："爸爸，让我就睡在你这儿吧！我不会被传染上感冒的！"我只好点点头。他依在我的肩头，小鸟依枝一般，很快便睡着了。天在渐渐发白，玫瑰色的晨曦染红窗子，我却一直再未睡着。

❀ 蔡东藩与刺猬

我的儿子小铁极喜欢历史，当《上下五千年》《中国历史故事》看过好几遍之后，他开始寻找新的书。一次，我带他到新华书店，他一眼看中了蔡东藩的《元史演义》《清史演义》等一套

十来本的厚书。我说："这书是用文白参半的话写的，你现在还看不懂。"他不说话。晚上看电视，他突然倒在床上，用双手捂着小脸。我知道他在耍脾气，在恨我不给他买书。

我对他说："我真的不是骗你！"他不信。我又说："明天，我再带你到新华书店，你自己看看那套书，如果你能看得懂，咱们就把书买回来！"

放学后，我们又来到新华书店，请售货员把那套书拿过来，他仔细翻看着，递还给售货员，不再提出买这套书了。事实告诉了他，他确实看不懂。

又一次，我与小铁到大连，同行的还有阿姨。在旅顺口看到有卖刺猬的，小铁就说要买。我说："不行！飞机上不准许带活物的！"他立刻一拧小脑袋，说："你骗小孩，飞机上让带的！我问过阿姨的！"就跑到一边，等阿姨下山。我也不急，让他再去问清楚。

过了一会儿，他等到阿姨下山，拽着阿姨向卖刺猬的摊前走去。阿姨说："哎呀，这么大的刺猬，飞机上可没法带！我还以为你说的是那种小刺猬呢，咱们偷偷把刺猬藏起来带回北京。这么老大个儿，咱们怎么藏呀？"

小铁回过头，冲我一笑，眼睫毛上还挂着泪珠儿呢，用手不住摸着刺猬身上尖尖的刺。阿姨说："小铁，你这么喜欢刺猬，阿姨回北京后一定给你找一个小刺猬！"小铁信任地望着她，眼光里充满期待。

对孩子，不允许有稍稍一点的欺骗。孩子的心是一张敏感的pH试纸，哪怕一丝一毫的欺骗，也会在上面显色。然而要证实自己的真诚，最好用事实说话。

🌸 小白鼠风波

我们家快成了儿子的小小动物园，蚕、金鱼、小虾、鳝鱼、泥鳅、小乌龟、法国蜗牛……摆得满地都是。独生子女闷得慌，爸爸妈妈不在家的时候，他可以对着它们讲着无尽的悄悄话。我知道儿子最喜欢这些小动物，故从来没有干涉过他，任他去养去玩，因为那是课本和大人们无法给予他的欢快。

一天，小铁突然问我："爸爸，你见过小白鼠吗？"我说："见过。""你觉得小白鼠怎么样？它和一般的老鼠一样吗？"

这问题我一时答不出。在我眼里，白鼠、灰鼠、黑鼠，统统一个样子。平时，我最怕也最讨厌老鼠。刚刚从北大荒回来时，和母亲住在两间窄小的平房里，纸糊的棚顶常有老鼠窜来窜去，有一次甚至在大白天里咬破棚顶，"啪"的掉下来，直掉到床上，让我久久难忘，胆战心惊。半夜里，老鼠磨牙的声音，常让我彻夜难眠。至于老鼠肆无忌惮钻进我的抽屉里，将我的笔记本和稿子毫不留情地咬碎成粉末，更让我与它们不共戴天。

以后一连几天，小铁都问我小白鼠的问题，并且开始向我解释："小白鼠和你讲的老鼠不一样，很好玩的，而且也不脏，要不人家医院干吗拿它来做实验？"

我开始警惕了。我猜想他一定是要拿几只小白鼠回家，壮大他的动物队伍。不过，他是知道我对老鼠深恶痛绝的。因此，他始终犹豫，不知怎么开口。

终于，有一天，他忍不住开口了："爸爸，我想拿两只小白鼠回家养，你说行吗？"

我不知该怎么回答他日思夜想的这一恳求。说心里话，我真不愿意家中出现我的天敌；我又真不忍心让儿子失望。要知道，

鼠虽是我的天敌，却是他的朋友。

"我就把它们关进笼子，不会让它们乱跑的！你不用害怕！"儿子还在继续恳求。

我还能再说什么呢？于是点了点头。

可是，儿子并没有拿回那两只小白鼠。可能我那点头并不那么坚决。他完全是为了我，我知道；我尊重了他，这是他相应回报给我的尊重。暖暖的泪水，湿润着我的眼眶……

🌸 地图前的游戏

儿子小时候积攒外国邮票的同时，开始迷上了地理。他总磨我要买一张世界地形图，多次到新华书店，都未买到。他自制了小卡片，一面写着国家的名称，另一面写着国家首都的名字，自己翻卡片背。他也画了好多表格，将国家、首都、人口、国树、国花、国兽一一列出。这些都是学地理最常见的老方法、笨方法。当然，让我找新且灵的方法，一时也找不到。

有一天，他从学校回家，告诉我班里流传的几句歌谣："早晨喝了碗拉丁美洲，肚子古巴古巴；墙上掉下块日内瓦，正好砸了我的西班牙……"觉得特别好玩，便对我说："我想把各国国名和地名连起来编一段相声，新年晚会去演，爸爸你说行不行？"我正躺在床上看书，随口不经意地应了声："行，怎么不行！"他便翻出地图册，找出地球仪，铺开地图纸……一副大干快上的模样。不一会儿，就编出一套，什么"我骑着一匹巴拿马，驮着一只乌拉圭，牵着一群太平洋，赶着一队万象，来到冰岛上，还真有点儿耶路撒冷……"自以为得意地乐得前仰后合。

再一会儿，他编不下去了，跑过来拉我的手，把我拖下床："爸爸，你来帮帮忙嘛！光看你的书，一点儿也不和我玩！"我只好放下书，伏在他的地图前，仿佛一下子四海翻腾、五洲震荡，统统奔到心底了。我说："咱们爬上新加坡、翻过梵蒂冈、来到卢森堡，发现一块锡金行不行？""行！太好了！爸爸，你真行！"得到鼓励，我的情绪和他一样高涨起来："那你说这块锡金四周有什么还直发光？""有金边"！"对！有金边……"我又趴在地图前四下寻找，今天的地图里仿佛藏有无数马季、姜昆的相声包袱。我说："咱们再来到名古屋里发现一只神奇的洛杉矶……""还有一只斐济。"我说："不好，什么叫斐济呀！济是四声，不像鸡了。"他反驳道："肥鸡嘛，挺好！""好！就肥鸡！洛杉矶头上长着一对佛得角，你那只肥鸡头上长着什么？""长着一对尼泊尔。"我们都笑得拍起巴掌来，为这世界绝无仅有的一对神鸡，它们大概可进入吉斯尼大全。

一开闸门，水便奔涌不断。这一刻，世界在他的手中，他俨然成了宙斯一般，无所不在，灵通无比。最后，他这样收尾："历尽千辛万苦，我终于爬上旧金山，却忽然发现左边的厄瓜多尔有些万隆，赶紧吃了一片苏丹、两片不丹，出了一身武汉，拉了一泡巴西，病才好啦……"我说："这不行！拉了一泡巴西，太不雅！这么结尾，光逗乐了，不行！""那你说怎么行吧？"他不服气，觉得他那"一泡巴西"宝贵得很。我说："再找找，想想！"于是，我们的头蒜瓣一样又挤到地图前。那一刻，我们仿佛都成了达尔文，乘坐着"小猎犬"狗，在周游世界，或者都成了哥伦布，在发现一个个哥伦布都未曾发现过的一片片新大陆。我仿佛也变年轻了许多，地图今天撒给我的是一朵朵新奇的七色花，而不是单调的首都、国名……

我忽然想起自己上中学时，我们那位特级地理老师，总是把要背的地名编成一套挺好玩的顺口溜，我们觉得特别风趣，一边

笑着、玩着，一边便记下了，牢牢的，今天还记得。是不是老先生小时候也趴在地图前玩过这类的游戏？

记得歌德曾经讲过这样的话："只有当人充分是人的时候，他才游戏。只有人游戏的时候，他才是完全的人。"游戏，甚至恶作剧，永远是孩子的天堂。死记硬背，只是学习形而下的方法。在游戏中学习，使得学习不那么枯燥而有了乐趣，不用刻意经营皱起小眉头去背却不知不觉地记住了。这并不只是孩子的童话。

不要失去情趣

孩子学写作文时，构思、结构等诸多写作基本要素固然重要，但注意不要让它们束缚住孩子的手脚，而失去了孩子自身拥有的天真情趣。失去孩子的情趣，也就失去了孩子的兴趣，这样的作文只能是八股。

肖铁写了这样一篇作文，记述一堂自然课。老师让同学们带来不同的水果、蔬菜进行实物教学，讲解根、茎、果实。课上得活泼而生动，他写得也还不错。最后一段，他写下课后大家把带来的水果吃了，弄得满屋子是香味，一直到上下节课时还飘着水果味。但是，他把这一段删掉了。

我问他："为什么？"

他回答我："这段是写下课的事，不是自然课的事了，是不是多余了？"

他答得不能说不对。如果从自然课来讲，的确是课后的事，但毕竟与课联系在一起的，况且水果味一直飘散到下一节课，这样看似多余的一段不是更有情趣吗？我想大家下课时纷纷啃苹果咬香蕉的欢乐，不比上自然课差呢。这热闹劲难忘，才使得他情不自禁写了这一段。

要不要这一段？我们俩发生了争论。

我找来一本齐白石的画册，指着一幅樱桃问他："你看这樱桃大多都画在盘子里，只有几颗画在盘子外面，你说为什么？齐白石干脆都把它们画进盘子里不完了吗？像不像主人盛樱桃时不留神掉下来几颗？你是不是觉得这样更亲切呢？"

我又指着三幅同题为"牵牛花"的画："你看这幅牵牛花的蔓上趴着一只蚂蚱，这幅牵牛花的叶下跳着两只蟋蟀。这幅呢，牵牛花攀绕的树干上爬着一只螳螂，花上面飞着一只蜻蜓。你说说看，既然是画牵牛花嘛，齐白石还非画这么多小虫子干吗？而且每幅画上的小虫子还都不一样？"

他眨眨眼睛说："当然有了这些小虫子，牵牛花更生动了，像有蟋蟀在叶底下这幅显得花一动不动，特别安静！有蜻蜓飞这幅，花好像随风轻轻在动，像活了一样……"

"你设想一下，如果不画这些小虫子，或者你用手把这些小虫子捂住，只剩下牵牛花，会是一种什么效果？齐白石的画好，就好在他的画有浓厚的生活气息。如果只讲究完整或突出中心，丢去了生活本身的天然情趣，画就失去了味道。你说对吗？"

他点点头。

"你作文的最后一段是删好还是留好呢？"我又问他。

他笑了，但没回答。

❀ 巧妙的树墩茶杯

小学四年级，参观无锡陶瓷展览归来，肖铁写了这样一篇日记："有一套茶具设计得非常奇妙！茶壶的形状是个屋子，屋顶的茅草都很清晰，屋顶上有个天窗似的口是壶盖，烟囱是壶嘴，

树墩子是茶杯，翻过来呢像把凳子，可以让走累的人坐下休息，看来主人还挺好客。"

"为什么你喜欢这树墩造型的茶杯呢？展览里还有许多各式各样的茶杯嘛！"我问他。

"其他茶杯的样子都一般化，和外面卖的茶杯大同小异。这种茶杯新鲜，我还没见过。"

他回答得很对。这就是构思，构思不一般化，平中见奇，才会有这种效果。写文章也一样，也要这样构思，避免人家写过的、大家司空见惯的，而要有这种树墩茶杯的新鲜感。比如老师布置了这样一篇作文：《节日的礼物》。如果仅仅描写节日你送给别人或别人送给你的礼物，如同书中的习作例文《我的小闹钟》一样，只是具体描写礼物的外形，就会一般化，很容易平淡。因为很多同学都会照葫芦画瓢依照习作例文来写。你如果要写出新意来，首先要向设计那套树墩茶杯的师傅学习，首先在构思上下功夫，看看你能不能也设计出翻过来是树墩可坐，倒过去可畅饮开怀的"茶杯"来。好的构思是可以一箭双雕的。

他动了脑筋，想出这样一个构思：正巧叔叔带着儿子肖钢从青海回北京探亲，这样一来"六一"节的礼物就不能一人独吞了，爸爸送我们两个人一人一套少年百科全书。

我说："这个构思不错。一般只是送一个人礼物，你这是送小哥俩两件同样的礼物。但是，如果仅仅这样写，仍然平淡，达不到茶杯翻过来是凳子可坐的奇妙效果。因此，重点不应该写这礼物，而应该写茶杯翻过来……"

"那什么叫翻过来呢？"他问。

"不翻过来便永远是茶杯，好像你写礼物只是礼物。不只写礼物，而与这礼物又有关系，去写别的行不行？你想想围绕着这

194

礼物，你和肖钢还有什么别的事？"

"我明白了，你是让我写为了得到这个礼物，我和肖钢之间的竞争，谁答对题礼物归谁！这样写有些起伏对吗？"

"对！先不点明送的礼物是少年百科全书。一点明，文章就结束。好比一翻过杯，就是树墩子可以坐下来休息了一样。"

茶杯和树墩有时就是这样巧妙地变化着，给我们意想不到的效果。

❀ 七个不简单的音符

作文需要训练，也可以通过训练进步。这同教练员训练孩子跳水、打乒乓球一样，应该是可行的。这一次，我想做个试验。

我买了一盘拉威尔的《鹅妈妈组曲》和一盘圣桑的《动物狂欢节》的磁带，想让肖铁听听然后写作文。我想既然他格外喜欢动物，一定会喜欢这两支乐曲的。从音乐中训练他的想象力，也许是一种可行的好方法。谁知，我失败了。他没有听完，便失去了兴趣。

我想可能是拉威尔和圣桑的这两种音乐都太古典、太复杂，而且乐曲都要几十分钟，对于肖铁还显得艰深些。是我选择的错误，这条路并不会错。于是，我再找，找到一支具体描写昆虫的乐曲，分为几段，每段描写一种昆虫，只有两三分钟，模拟声似很强，效果极佳。我拿给肖铁听，他一下子感了兴趣。我问他第一首听出来是描写什么的吗？他回答是蜜蜂。我又问他怎么猜出的？他说那高速的音响十分像蜜蜂飞动时的翅膀动静。他说得十分对。我又问他第二首能猜出是什么吗？这次他猜不出。我告诉他第二首叫《蚱蜢的游行》："蚱蜢不能像蜜蜂的翅膀一样发出音响，音乐怎么表现蚱蜢的呢？"他又听了一遍音乐说："蚱蜢前腿

短后腿长，跳跃的节奏很有意思，这段音乐像进行曲！""你说得一点儿没错！"我夸奖了他。

反复听了几遍音乐，他反复诉说了自己的想象，我又把介绍这段音乐的录音放给他听，看看他与人家的解释有什么同异，果然兴味盎然。对于一个陌生的、不可知世界的采寻，往往会使得孩子比对熟悉的天地更有兴趣。在写惯了老师要求写的记同学有意义的事之类的作文之外，加强这样的练习，或许能给孩子已经疲惫麻木的作文写作神经一点新奇的刺激？不仅能锻炼孩子的想象力，更重要的是能激发孩子写作的兴趣。原来作文还可以这样写！

同样，这不仅仅是吃惯了米饭改顿饺子换换口味，而且激起他对生活的爱，让他懂得除了他知道的那些，世界上还有许多事物是值得去追求去学习的，比如这音乐的世界，七个简单的音符却能够构成这样美妙无穷的广阔天地。要写好作文，单打是绝对不行的，爱好广泛，才会对生活有激情，才会触类旁通，才会把思路拓宽。这是作文训练中比篇章结构语言中心都要重要的一环。

戏剧小品的启示

电视中，戏剧小品一时很红火，尤其是陈佩斯、朱时茂、赵本山等人的小品让人忍俊不禁。我曾问肖铁："你说小品和一出大戏是什么关系？"他答不上，只觉得小品好看。

我自己曾在戏剧学院读书几年，深知要写好一部大戏，必须要加强戏剧小品创作的练习。这是写大戏的基本功。因此，我要求孩子一定要加强写作片断的基本功练习。"写片断就和演小品一样，小品演得多了大戏就好演；片断练熟了，写任何作文都不用发愁。"

当然，小品的要求不一样，诸如音响小品、行动小品、画面小品等。片断练习也要有侧重，击其一点，不计其余，才能效果良好。只是孩子到底还是孩子，玩过了便玩过了，很少会有规律、有意识地进行这样的写作训练。这就需要家长的帮助。

我不要求肖铁那么复杂，只要将你经历的、看到的、听到的最为有意思的记在你的日记本里就可以。不必太长，但要有真情实感，要具体细致。这要求说简单但实际做到也不容易。家长要督促、检查并具体帮助他。

比如小时候，他和同学开玩笑，把人家说哭了，告状告到家里来，我批评了他，让他向人家道歉。事后，我让他写日记。他写了，虽然很短，但最后两句："爸爸说得对，但爸爸让我向吴婧道歉，我没好意思。我悄悄地看了吴婧一眼，她在旁边正偷偷笑呢。"我表扬了他，虽然犯了错但有收获，写得不错，自己不好意思，对方已经原谅了你，都写得干净而生动。这就是写作的片断练习，以后坚持这样写就行。

三年级，我给他买了一本书，里面介绍电报发明者莫尔斯的故事。我让他读后写一篇日记，他写得也不长："莫尔斯用激动得颤抖的双手，操纵着他自己制作的电报机，向巴尔的摩城发出了人类历史上第一份电报，这时爸爸问我：'如果你是莫尔斯，发电报电文是什么？'我说：'发妈妈你好！'莫尔斯发的是：'上帝创造了何等奇迹！'我觉得他有点自夸了。"写得有自己的想法，说明他思考了。

四年级暑假，我带他到三峡，三峡的雾和山都很有特色，我说你就把你看到的这特色写出来。他这样写："雾中隐隐约约的高山，像仙山一样。雾渐渐散了，我看见一座山峰上有两个缺

口，这会不会是被雾咬了？……"他有了明显的进步，懂得抓住特点。片断练习帮助了他写作能力的提高。

🌸 想象力、生动的比喻从哪里来

一天醒来，天上飘起雪花，睁眼一看，窗上结满冰花。那时，肖铁上三年级。他趴在窗上睁大一双惊异的眼睛看窗花。"爸，你看像一匹大白马！"他冲我叫道，像发现了奇迹。我指着窗花问："你看还像什么？""像雪山怪物！""还像什么？""像圣诞老人拖着雪橇给我们送礼物……"

这就是想象。孩子的想象力一般比成人都强，而且会充满童真。因为孩子都喜欢童话，而童话正是对比现实而呈现出的一个想象中的世界。只要我们能从孩子这种喜好的心理出发，以一双童话的眼睛看待周围的生活，便会启发孩子，想象力原来并不是凭空瞎想，而是你平常读过的童话、看过的事物与眼前的事情的交织。孩子本来就容易将幻想与现实混淆起来，这种想象对于他们一定很有乐趣。

那年冬天，我带着肖铁到北海公园看冰灯。我指着"狗熊打鼓"的冰灯问："你能想象出什么？"他说"都说狗熊笨，我看它一点不笨，它打的鼓声多清脆、欢快！"我指着"小猪吹号"的冰雕问："你能想象出什么？""它吹的是魔号，要什么有什么！"我接着问："你说具体点，要什么呢？""没准从号里吹出个九齿钉耙来呢！"我又指着"小鹿拉琴"的冰雕问同样的问题，他先说："那琴一定是水晶做的。"我说这不够，你还能想得更丰富大胆点吗？他想想不知从何想起。我说："不见得是小鹿拉琴，小鹿干别的也行，这样想象的余地宽些。"他说："它再不会怕老虎，会用犄角赶走它们……""你能再与小鹿拉琴联系上吗？它赶走老虎，胜利啦！你说它拉的是什么曲子呀？""胜利进行曲！"

养成习惯，一件事情能够如扔进石头的水池子，荡起一圈圈涟漪，想象出一层层新天地，最开始当然需要大人帮助。这种帮助要从孩子的心理特点出发。这种心理特点的基点便是童话。

❀ 生动的感觉

有些道理永远是古老的，简单的，需要反复讲。老生常谈，会使得孩子感到腻烦，但基本功的训练就得一招一式如同芭蕾舞演员或体操运动员练功一样，来不得半点儿虚假和偷懒。只是做家长的要注意让孩子的这种练习能够有些乐趣为最好，不要那么枯燥乏味就是了。

怎样把作文写生动，是一个老话题。写生动的方法有很多，我认为最主要的是首先观察得要仔细，其次不能就事论事，一定要有联想。或许，这有些偏颇，但我就用这样两点要求训练肖铁将作文写生动。

我举例子：比如形容落日，说夕阳西下晚霞满天，说落日像一个红红的大灯笼，都并不是最生动的；而"那是谁家的孩子，竟这样粗心大意，你看，红艳艳的一个气球，丢落在一丛树枝上，就跑回家去了"就生动。因为那从孩子心理出发的联想，使得落日如孩子一样有了生命。

再比如写秋天的树叶："如果有人把世界上所有的金子和铜拿来锤成千千万万片薄薄的叶子，也不过是山林秋装的一小部分，尤其是那杨树叶子连小鸟的歌唱都会使它们颤动的。"这也叫生动。同样的道理，因为有了铜、金子和小鸟介入的联想，使得秋天金黄的树叶有了色彩和声音。

三年级的新年前夕，肖铁给全班每位同学画了一张贺年卡，

每张都画有一种小动物。我说："你的贺年片做得十分漂亮！你能不能把这些贺年片也描写得十分生动呢?"

他试着做了这样一次练习，就按照上面我所讲的，运用了观察和联想两种方法，尤其是联想。

夜晚中的小熊猫，要写生动它，他联想它在做梦；

房中的小狗，要写生动它，他观察到房子旁边的蘑菇，便联想小狗馋着想吃蘑菇；

书包里飞出的蜜蜂，要写生动它，他联想到背书包的小男孩是个贪玩的孩子……

所有这一切，并不是为了写作文而事先画好的，一切是随意的，自然而然之中，锻炼了孩子的观察能力，和在观察之中由此及彼的联想能力。任何事物，要想写生动它，关键是要让它活在你自己的心中，要先在你自己的眼睛里生动活泼起来。丰富的联想，便是走向生动的一条最为便当的捷径。

关键是心里总能充盈着这样生动的感觉。

❀ 心爱的铅笔盒

从日本、韩国、中国香港、中国台湾流入大量小学生文具，使得这些文具模样花哨、价格昂贵起来。小铁有一个印有变形金刚的铁制铅笔盒，很是喜爱。那是他用自己的冷饮钱，悄悄跑进商店，把它买回来的。他在铅笔盒背面还贴上一幅忍者神龟的纸贴画，顿时，铅笔盒前后两面异常威武雄壮。他最喜欢的是这挺有男子汉意味的图案。为了它，他少吃了不少根雪糕哩。

他叔叔从西北来北京开会，他缠上了叔叔，说这说那，话如泉水汩汩不断。其中一个话题是问叔叔的儿子小钢的情况，到底是自己的小弟弟呀！他向叔叔介绍北京小学校里最近流行的歌曲、歌谣，包括文具，然后拿出他的这个新买不久的宝贝铅笔盒炫耀一番，似乎那铅笔盒和上面的变形金刚、忍者神龟能保佑他学习所向披靡、无坚不摧。

叔叔笑着说："小钢钢可没有你这么好的铅笔盒，他妈妈给他买了一个塑料自动铅笔盒，还舍不得给他用呢！"

他小嘴一撇："那种铅笔盒早过时了！你快给他买一个这种新铅笔盒吧！"

叔叔忙于开会，一眨眼到了要回去的时候了。临走时，才忽然想到忘记给小钢买一个小铁鼓吹了半天的宝贝铅笔盒。

我对小铁说："干脆你把你的这个铅笔盒送给小钢钢吧！等过两天我再帮你买一个！"

"行。"

我没有想到他答应得那么爽快。不仅仅因为这是他用自己省吃雪糕的钱一天天积攒了多月才买的宝贝，一下子他变得这么大方；更主要的是他一向独惯了。两年前叔叔带着小钢回北京，他们小哥俩一起玩，常为一只蝈蝈、一支球拍争得涕泪双流，甚至吃饭为争一个碗、一个调羹而面红耳赤，常让我气恼，不止一次批评他，效果均不佳。一次游泳，只有一个救生圈，小哥俩都要，不相上下，我硬把救生圈从小铁怀中夺过来给小钢，他大哭一场，很让我一点儿辙没有，只好怪自己太娇惯他，独生子女实在太独，孔融让梨的古风荡然无存。事后，我常常掰开揉碎对他讲，没见多大好转。为此，我很伤心。

现在，他竟如此爽快地拿出自己的铅笔盒，并且帮助叔叔将一支支造型新颖的自动铅笔、活动图尺、香味橡皮，一一装进盒中，就如同刚买来这个铅笔盒时自己整理时一样仔细。孩子不知不觉真的长大了！似乎在一夜之间树抖开满枝花蕾一样。我想，

或许有些道理要让他自己消化,年龄的增长才使得道理如水滴石穿吧?做家长的往往着急,孩子却难一下子成为小大人。

只可惜叔叔走后,我再也没给小铁买到那种印有变形金刚的铅笔盒。孩子没有埋怨我。

❀孤独的三轮车

我的儿子小铁早已过了骑儿童三轮车的年龄。虽然他才十岁多点儿,却可以骑着成人自行车横穿车水马龙的大街小巷了。当年他曾经骑过的那辆童车早已送人,已经骑得漆皮斑驳脱落,或许,只能在以往骑着童车露着豁牙的照片中,才能唤起童年的回忆。

一天,下午放学回家,小铁匆匆忙忙上楼,一脸汗珠淋漓,放下书包拔腿又往外跑。我拦住了他:"干什么去?这么急火火的?"他说:"楼下有个小孩在等我!"我说:"那你让小孩上楼来嘛!"他急得一摆手:"哎呀,你不懂!"

我不懂什么?在孩子面前,父亲为了尊严还有什么不懂的呢?我挺生气。

"楼下的小孩要我和他一起骑三轮车玩!"见我生气,他才进一步解释。谁知,我更生气了:"你都多大了?还骑那种小孩车玩?"这回,我可真是不懂了。

他一把拽住我的胳膊说:"好几天放学回家在楼底下我都碰见这个小孩,他一见我就问:'大哥哥,你跟我玩会儿好吗?'今天,我又见到他,他又这么问,我看他一个人骑着车怪孤独的,就答应了他:'你等着,我放下书包就下来。'……"

我不说话了。孤独!这个词从孩子口中滑出来,显得格外沉重。我拍拍他的脑袋,亮起放行的绿灯。

小铁下楼不久，我也下了楼，看见一个只有四五岁的小男孩拍着巴掌跟着车跑着，叫着。小铁骑在一辆三轮童车上面显得不协调，活像杂技团中大熊骑车一样好笑。他骑得却那么带劲，一会儿冲锋，一会儿拐弯，一会儿又带上那小孩绕过许多障碍，一会儿又让那小孩骑，他在后面追，嘴中不停学机关枪一样扫射……楼下成了一片战场，他们玩得好不痛快！

孩子有孩子的孤独，尤其是独生子女，父母一上班，面对家中四壁打发漫长的时间，那滋味的确不好受。父母在这个越发喧嚣的世界里，充塞着许多不被理解的孤独时，常常忽略孩子更为可怜的孤独。电视、游戏机、跳跳糖，以及各式各样彩色封面的童话书，都不能完全摆脱孩子的这种孤独。孩子渴望玩，是和自己的小伙伴玩。游戏，从来都是儿童的天性。找不到同龄的孩子玩，便出现 4 岁小孩找 10 岁多的小铁来玩了。望着他们欢乐的影子，我心头一阵发酸。我忽然想起小时候小铁曾经告诉我：他一个人能趴在地上看蚂蚁搬家一看一个多小时。当孩子找不到孩子又找不到家长玩时，便会寄托在小动物上面。做父母的却往往责备孩子得陇望蜀，小时候我们哪里有你这样好的条件！……

小铁看见了我，骑着那辆显得格外小的童车风驰电掣奔过来，一脸热腾腾汗珠对我说："爸！这会儿我有种返老还童的感觉！"

我笑着对他说："你才多大就返老还童？"

他笑着不答话，骑着车跑远了。那小孩在后面不停地追啊追。

孩子，要让他们成为孩子！做父母的，不见得真能理解这层似乎简单的道理。

阿里山面包

阿里山面包房是台湾人前两年在北京开张的一家店，位于崇文门内，那里的沙茶面包确实有台湾风味。面包房刚开张时，妈妈带小铁去尝鲜，小铁竟一连吃了两只沙茶面包和一只鸡肉面包。妈妈在一旁看着，虽然自己一只也舍不得吃，但看着儿子吃得美美的，心里很舒坦。做父母的，都是这种心理。虽然每只小小的面包要一元二角，钱是辛辛苦苦赚来的，但父母千里扛猪草，为（喂）的还不都是孩子？

有一天，奶奶为了换换口味，给大家做了一锅窝窝头。这种玉米面做成的食品，曾养了老人家几乎一辈子，也是我儿时的家常便饭，对于小铁却显得格外陌生。从小白米白面花插着要吃黄油吉士夹面包长大的小铁，望着这宝塔形黄澄澄的窝窝头，感到格外新奇。他见过圆形、猫头形、羊角形、纺锤形等形形色色的面包，唯独没见过这样绝对是中国特色的食品。他拿起一把叉子冲着窝窝头便插将过去，没想到窝窝头里有一个挺宽阔的眼，便叫了起来："哟！这里面怎么是空的？"他只知道吃过的食品里面总是包着馅，比如沙茶面包里面装着沙茶牛肉。然后，他咬了一口，实在咽着难受，毕竟和沙茶面包是两种味道。

望着他难以下咽的样子，我和他妈妈都不知道说些什么好。逼他吃下去？讲讲我们小时吃窝头的事情？有什么用呢？他会说那一套"忆苦思甜"早已经过时了。窝头很难使国家现代化。

我问他："好吃吗？"他反问道："你说呢？"我说："当然不如面包、馒头好吃。"这是大实话，他望望我，不说什么，本以为我肯定要教育他一番而泛起挑战的情绪平息下来。我也不再说什么，并且不强迫他非吞吃进肚不可。

饭后，我对他讲起自己上初中时的一件小事。那时，正是闹三年自然灾害的年头，肚子没有一点儿油水，空空的犹如无底洞，仿佛吃多少东西也填不饱。有一天上学路过花市一家清真小饭馆，门前排起一串长队，原来是卖窝窝头，每个窝窝头切成两半，每半上面抹一层芝麻酱，每人只买一半，不要粮票。我忍不住这半个抹着芝麻酱窝窝头的诱惑，也排了半天队，终于买到半个窝窝头，吃得那份香就甭提了。真的，现在一想起来，那窝窝头玉米面的香味和芝麻酱的味道，似乎还在唇边……

我对他说："那家小饭馆现在还在花市，离阿里山面包房只有公共汽车一站路，哪天我带你去看看。"虽说艰苦是一座学校，我并不想让他像我小时候一样苦。我只是希望他知道父辈是这样走过来的，只有知道才会理解父辈这一代人，而不是单纯要父母去理解他！这比非要他吃下去这窝窝头更重要。

他眨着眼睛。他懂吗？

事情过去两年时光，阿里山面包已不新鲜醒目，北京城一下雨后春笋又冒出比阿里山面包更惹人眼目的食品：比萨饼、麦当劳汉堡包、加州牛肉面……自然，小铁要一一光临品尝。好多次路过花市我小时候买窝窝头的饭馆，我都希望小铁能指着它提起它来。可是，没有。

❀ 披长发的候车人

冬末的一天下午，小铁的车闸突然坏了，自行车像撒缰的野马四处乱闯。赶紧下车，找地方修。正赶上下班高峰，车不断溜儿，弄不好，撞上人可不是闹着玩的。

最先看见立交桥下有位修车的师傅，不过他一头披肩长发像个野人，嬉皮士似的倚着桥头叼根烟卷，颇似北京城的地痞子，

胡同窜子。小铁先犯踟蹰，直搋我和他妈妈："咱们找别处修吧!"我也直犹豫，这么个吊儿郎当的人能修好车吗?修完车再狮子开口漫天要价不给又不行再挥胳膊动拳头?……

无奈车已经推到小伙子面前，小伙子一甩长发，吐掉烟头，已经直奔车而来而且发了话："师傅，修车吗?"只好把车推给他，是死是活听天由命吧!

他的手倒挺巧，三下两下把闸卸了下来，镶上块铁片，又安装上去。钳子、锤子、螺丝刀随着他一头长发不住晃动而颤动，干得挺起劲，仿佛表演什么精彩节目给人看。车修好了，他把车推给我："骑骑看看，不合适再修!"

小铁的妈妈骑了一圈，说："后闸太紧，孩子劲小，不好捏!"小伙子二话没说，把后闸重新卸下来，接着锤子、钳子、螺丝刀一通舞着，依然干得格外来情绪。

这回真正修好了，车又能停驶自如，应该说修得确实不错。一问要多少钱，小伙子一甩长发，伸出三只手指捏在一块："七角钱!"我几乎不敢相信，干了这么半天，前后两个闸一通鼓捣，只要七角，确实太便宜了。小铁也不相信，前几天仅仅是用扳手修了几下脚蹬活动了的螺丝还要了五角呢，这次工作量要大多了，怎么才要七角?小铁便又问了一句："多少钱?""七角!"小伙子打了个榧子："嫌贵还是嫌便宜?"小铁连说："便宜!"小伙子扬扬满是机油的手对小铁说："便宜以后再来!"

付过钱，我们骑着车走了，回头望望，小伙子倚着立交桥头，又叼上了烟卷。小铁对我说："这个叔叔打扮得不怎样，人还不错!开始，我还有点怕他呢!"

我笑笑，没有说什么。世上有些人和事就是奇怪，金玉其外，败絮其中，并非个别。人们买东西看重的是外包装和牌子，看人看重的是脸庞，身条，以至三围的尺寸，却往往忽略了内心本质。

小铁还小，他还需要用自己的眼睛去观察和参悟人生。我高兴他并不那么势利眼不只看外表而能公允待人。他能渐渐不为表面杂草丛生所迷惑，而能看见草丛覆盖下的一泓清泉。披长发的小伙子给他上了一课。在越发势利和实惠的生活中，多给孩子一些温馨，比多给巧克力和泡泡糖要重要。

披长发的小伙子依然每天坚守在立交桥下修车，风雨不误。这是他的人生，他服务周到价格合理，越来越吸引过往的骑车人，他便也自得其乐。以后，小铁的自行车坏了，总还要找这位披长发的叔叔。尽管，有时推着车要走一段舍近求远的路。

🌸 孩子的誓言

小铁上学期语文课本中有这样一篇课文，题目叫作《诺言》。讲的是一群孩子在公园玩军事游戏，一个大男孩当元帅，一个小男孩当看守火药库的中士，小男孩向元帅发下誓言："没有命令绝不撤离！"结果，天黑了，孩子们各自回家，早忘记了这位中士。中士却一直坚守岗位，未忘记誓言。公园看门人无可奈何，最后只好到大街上找到一位真正的少校，孩子才奉命下岗……

他很喜欢这篇课文。

一天，他和他的好朋友杨铭在路边捡到一条蚯蚓，杨铭立刻把蚯蚓放进花坛里。看着蚯蚓钻进松软的泥土，他们像刚才见到蚯蚓一样高兴。这时，他忽然想起以前曾在杨铭家看见过一本《拯救动物》的书，他想杨铭一定看过，便对杨铭说："现在，我发誓永远不伤害动物，再不捉蜘蛛、蚯蚓和蜜蜂。你呢？"杨铭果断地举起小拳头说："我也发誓保护动物，爱护动物！"

这一天晚上，他把他们两个小男子汉的誓言讲给我听，然后又给我正经上了一课，告诉我人只为自己，好多无辜的动物遭到偷猎而灭绝，只因为动物身上的肉、皮、毛、骨、角值钱。夏威夷的食蜜鸟只剩下不到 10 只，毛里求斯的茶隼只有 20 多只，苏联的冠麻鸭只有 30 来只，爪哇虎只剩下 20 头，阿拉伯羚羊大概不到 50 头……他又愤愤地对我说："你知道吗？仅仅 20 年 50 亿只的候鸽被杀死了，本世纪灭绝的动物就有华北梅花鹿、叙利亚野驴、巴厘虎、加勒比海海豹、熊氏鹿。每年被杀死的大象就有 4000 多头……你说是不是人比动物还坏？"

我说："人有时候，或者有的人比动物坏！"

他"哼"了一声又说："要是我就制定一个严厉的法律：凡杀害珍稀动物者偿命！"然后，他直问我："爸，你发不发誓，像我和杨铭一样保护动物，爱护动物？"

我很感动。我知道所有这一切知识都是他从书本里得到的。他没有看看热闹，而是入心了。孩子的誓言，带有幼稚和天真，却清纯得如一汪不被污染的泉水。望着他那清澈的眼睛，我不敢轻易发下什么誓言。对比孩子，成人的誓言也许可能会更坚定而花哨，却也更不可靠。背弃誓言犹如抛掉穿破的长筒丝袜，出尔反尔却一脸笑容的事还少吗？只有孩子，才会把誓言看成他们的人、他们的心一样至诚重要，才会如小铁和杨铭，才会如那位公园夜幕下坚守岗位的小中士。

小时候，我也曾读过班台莱耶夫的那篇《诺言》。我也曾激动，也曾发下过许多誓言。

孩子，我羡慕你！

✿ 推上无轨电车

在家长眼里，孩子长多大也还是孩子。于是，孩子便永远难以长大。

不用说，我也常犯这毛病。但这一次，我决心改改这毛病。不由分说，我把小铁硬推上了无轨电车。他死活不肯，泪眼汪汪，无奈车门已关，车内孤零零的只剩下他独自一人，只好扑在车窗旁，望着在车下骑着自行车的我，大声叫道："爸爸，在车站牌下等我啊！"

无轨电车甩着长辫子驶走了。其实，我和儿子一样不踏实。每次挤公共电汽车，都是家长带着他，唯独这一次让他一个人乘无轨电车，而且长长好几站路，等于将他从熟知的世界推入一片陌生的天地。我和他一样忐忑不安。我拼命骑着车，追赶那辆长着长辫子的无轨电车，仿佛拼命追赶着一只被风吹断了线的风筝……

小铁那年 8 岁多一点儿。

一件对于大人是简单又轻而易举的事，对孩子也许是一次壮举。"我可以自己上公共汽车了，再到哪儿去，我不用爸爸妈妈跟着啦！"自从有了那次含泪带笑的经历，小铁骄傲地觉得自己突然之间长大了。

是的，他长大了许多。出门在外，我和他妈省了好些心。不过，一般都是一条线路，不用换车，他坐到其中一站，我们骑着自行车在那里会师。这一次，从外面玩罢归家，却是要换三次公共汽车，从南城到北城，整个横穿北京。他非要自己坐车回家，拒绝我们陪伴。我有些不放心。他能从那站牌林立之中找到自己要找的站牌吗？他能平安无事地穿过车水马龙拥挤不堪的闹市街

道吗？会不会遇到坏人？会不会出现意外？……他统统置这些于不顾，向我要了几角钱好在路上买支雪糕，便迈着大步胸有成竹地向公共汽车站走去。

我不放心，他妈妈更不放心，仿佛放飞的鸽子要远渡重洋一般，心总浮着。我们商量一下，悄悄尾随在他的后面，相跟着从另一个车门上了车。到站了，儿子泥鳅钻沙般挤下车，先不忙着找站牌，而是到冷饮店里买了一支熊猫雪糕，津津有味地吃起来，然后信心十足地仰起小脸找站牌，那劲头像仰脸看着圣诞树上的彩灯，看摘下哪一个礼花的彩纸包有意思。并不比那些复杂的数学习题要难，雪糕吃完了，车来了，他又泥鳅钻沙般挤上车……

我和他妈妈都笑了。他的确长大了。我们的担心是多余的，却总舍不得抛却。孩子越发轻松、急迫奔向一片崭新的天地了，这种担心反倒加重，如同落厚的灰尘，家长往往却以为是金子屑末呢。

孩子，尤其是独生子女，往往使得家长的心理发生变异。做父母的总想把孩子当成风筝，甭管飞多高多远，线的那一头要紧紧攥在自己的手心里方才踏实。放开手，把孩子当成一只富于生命、渴望飞翔的鸟一样放出去，才会磨炼他的翅膀，小儿子才能成为一个坚强的男子汉。

其实，儿子总想飞呢，只是父母的百般忧虑、一千个不放心像一串串石头坠住了他的翅膀。与其让孩子挣断这石头，不如自己先放下。虽然，这样做，有些伤感，有些惘然若失，却是无可奈何又必须切实的。家，再温暖的家，永远只是孩子练飞的第一站，而不是他飞翔的天空。

🌸 骗人

暑假一天午睡后，小铁神秘兮兮地告诉我："刚才我做了一个奇怪的梦！"我问他什么梦，他说："我们几个同学玩堆雪人……""外面响晴薄日大热天，你倒梦见雪……""你先听我说嘛！""好！听你说！"

"堆着堆着雪人，我们忽然看见一只大老鼠，足有一米多长，吓得我们赶紧躲起来，在一旁偷偷地看。我还从来没见过这么大的老鼠，只见它把我们刚刚堆好的雪人全弄坏了，气得不行，又不敢出来。这时候，从旁边跑出一只小花猫，虽然大老鼠是小花猫身体好多倍大，可小花猫倒把大老鼠给吃了。我们都高兴地拍起手来……"

"你这梦还够长的呀！"

"当然长！还没完呢！你听我说嘛，我们接着又玩堆雪人，不一会儿又跑过来一只大熊猫，突然'砰'的一声，你猜怎么着？从大熊猫肚子里蹦出一个人来，可把我吓了一跳！梦就醒了。醒了之后，我想起了那只大老鼠叫负鼠，是世界上最大的老鼠。这个人是马可·波罗，他是最早发现大熊猫的人。"

望着他一脸严肃认真的样子，我说："你这梦够复杂的，真是个奇梦！"

他呢，忽然如裂开冰缝喷涌出来的小河水，憋不住"咯咯"笑了起来。一时，我没有明白这是什么意思。为什么这样好乐？是梦本身好笑？还是我表扬了他让他如此兴奋？

他顿时从椅子上跳了起来，冲我大声地说："爸爸，这些都是我瞎编的，骗你的！"

原来，一中午他根本没有睡觉，抱着一本《动物之最》看得

入迷，竟也想入非非，瞎编了这么一个雪中奇遇的故事骗人。能够把人尤其是把大人骗住，是孩子的一件乐事。孩子可以逗人、哄人、气人、恼人、恨人、吓人……也可以骗人！只是骗人的方法与内涵不一样。品质低劣道德问题性质的骗人，自然是不足取的。但要一些小聪明，瞎编一套离奇的故事，既填充了单调而寂寞的假期生活，又丰富了孩子自身的想象力，有什么不好呢？

我忽然想起自己小时候，那时我和小铁差不多大，才上五年级，我弟弟才上二年级。有一天放学回家路上，他对我说："咱们先看场电影去吧，我这儿有票！"我问："什么电影？"他说叫《白山》。我只听说有《白夜》这部电影，没听说叫《白山》的呀？他见我迷惑不解，便认真而肯定地说："就叫《白山》，新出的电影，比《白夜》好看多了！"然后又显出一副急得不耐烦的语气，"你去不去吧？电影快开演了，你要不去，我得走了，该晚了！"这最后一句话，很诱人，逗出了我渴望看电影的馋虫子，高声说了句："去！""好！电影现在就开演！"说着，他"啪"的一声轻轻扇了我一耳光，转身笑着跑掉了。原来，这就叫"白扇"呀！我追他，他背着书包早跑远了，飞扬起的书包像是鸟儿的翅膀，欢快的笑声银铃般撒满一路……

虽然，弟弟这骗术并不高级，远不如小铁编造的那一通雪地奇遇精彩，却给我们的童年生活增添了情趣。没有情趣的童年，只是一道没有放盐的汤。想想枯燥而紧张的学习，课本和考试一起不断加重，孩子的爱玩、爱幻想的天性被日趋压缩，偶尔将人骗得个着着实实，骗得个痛快淋漓，该是何等惬意。如同紧封盖口的试管中释放出的氢气燃起愉快的蓝火苗，腾起孩子多少难得的想象光彩。

骗人、受人骗，有时候也会是美好的。如同牧羊人的鞭子落在羊身上，那不是抽打，而是一种亲昵的表示，让你感到平淡无奇生活的起伏的弧线。

🌸 秘密行动

一天晚上，小铁对我说："爸，明天中午我想带个同学到家里吃饭，可以吗？"我说："可以，不过，你要告诉我怎么突然想起带同学来吃饭呢？"

原来，这一天中午，他的好朋友程力蒙没有回家吃饭，伏在课桌上呜呜地哭。老师和同学都劝他、安慰他，他还是挺伤心。他二姨从外地调回北京，要占他家的房子，其实他二姨不是没地方住，却不容分说把家具拉来，让他家搬走。小铁一听就气炸了，下午放学，他和几个同学到程力蒙家实地考察一番。气得他更是鼓鼓的。本来只有两间房子，已经被他二姨的家具占得满满腾腾，简直没有插脚之地。他还细心量了量，最宽的距离只有45厘米，走一个人都得侧着身，这怎么让程力蒙一家过活？他实在为好朋友鸣不平，便悄悄和同学商量，来搞一次突然的秘密行动，为好朋友出出这口气。

"我们想哪天他二姨在的时候去他家，气气他二姨！那不是他二姨，是二狗！"他一边说，一边胸脯起伏着像在拉着风箱。

我问他："你们打算怎么个气法？"

"这我得保密！"

我一时不知说什么才好。在平凡的生活中有这见义勇为的行动，足以让孩子激动，觉得生活有了色彩。心中涌动出的毕竟是一种正义感，对比一些事不关己高高挂起的市侩哲学，孩子的冲动，让人心里暖暖的。但大人的事远比他看到的、想到的复杂得多，清官尚难断家务事，更何况一个孩子！只是一时的冲动，难

免干出莽张飞的事情来，于事无补不说，兴许会越帮越乱。这一切该如何对他说呢？他还太小，人生况味需要以年龄为基础才能品味的。而且阻止他这一秘密行动，会拂逆孩子心中萌生的做佐罗、希瑞、忍者神龟的英雄的心理。

想了半天，我对小铁说："我真高兴，你对朋友这样真诚，对事情又有正义感！但我不赞成你的秘密行动，气气他二姨能解决问题吗？"

"起码替程力蒙出出这口气！"

"你说这话说明你还是孩子！你信任地告诉我你的这想法，我就得负责地告诉你对你这想法的态度。这样做不好！你看张飞、李逵莽撞干完了事，还不得刘备、宋江去替他们擦屁股？"

"照你说就这么算了？"

"怎么算了呢？大人的事让大人自己去解决，你们孩子管自己的事。现在，程力蒙需要的、也是你们能做的，便是给他安慰和友谊。明天中午你请他到家里吃饭，不是挺好的吗？"

孩子终于听从了我的劝告，取消了秘密行动。那顿午饭，小哥俩吃得挺香。

❀ 看牙记

小铁今年快 6 岁了，牙一连坏了几颗。有时候，疼得他吱哇乱叫。每次带小铁去医院看牙，都成了一件犯难的事。大人、孩子，都揪着一把心。

都怪小铁胆小，又爱哭。一见医生拿起白花花的牙钳之类的医疗器械，他就怕得要命，死咬着唇不张嘴，然后就是哭，眼泪扑簌簌落。真是让人着急！任怎么说，他的嘴也不开，牙照样疼。有一次，补一颗后槽牙，补到一半，小铁说死说活闭嘴大哭。这可把医生、护士弄得格外着急。实在没办法，大家找来一张大褂把他围上，系上扣，绑在椅上，又用牙托撬开他的嘴，支撑着，固定着嘴型。费了九牛二虎的力气，才把另一半牙补好。大夫累得没劲了。小铁哭得也没劲了。

从那以后，一听说要去医院看牙，小铁就怕得要命，那大褂，那牙托，让他触目惊心，仿佛童话中出现过的怪物。

今年春天，他妈妈带他到口腔医院小儿科看牙。自然，是好说歹说，买了冰激凌又买雪糕，临到医院门口又买了一个气球，总算像赶小羊入圈一样，把他赶进了诊室。当妈妈的一颗心提到嗓子眼，生怕听到儿子那撕人心肺的哭声。怪了！这一次，没有哭声。过了一会儿，诊室的门"砰"地弹开了。他蹦蹦跳跳地跑了出来，一脸笑容，像刚刚从儿童乐园里的飞机或碰碰车上玩完了跑出来一样。

他今天遇见的是一位四十来岁的女医生，见他那样害怕，先说："你别怕，只要一觉得疼，你就举手，我就停。你说好不好？"这话，不像看病，倒像和他商量玩什么游戏。距离缩短了。小铁虽然心里还突突地跳，嘴却乖乖地张开了。

看了一会儿，他觉得疼了，一举手，医生果然立即停了下来，然后和蔼地问："疼了？我再慢点儿！"小铁对她增加了信任感、亲切感。他再也没有举手，不知不觉，牙看完了。真快！真好玩！

每次再看牙，小铁都要找这位女医生。女医生也认识了他。两个人，渐渐熟起来，聊起家常了。小铁喜欢这个医生，不像医生，倒像家里人。

一次，小铁的牙床发炎，肿了。女医生看毕，低下头对他说："今天，我对不起你了，你的牙床发炎了，我得给你上点儿

辣药，可能要疼点儿。好孩子，要勇敢……"那话，让人听了亲切。小铁紧张，还是张开了嘴。果然药辣，疼。他憋不住：哭了两声。可是，他再没哭。医生说要勇敢嘛。牙看完了，医生说"好孩子！好孩子！"他真高兴。

他不仅看了病，也锻炼了性格。

到医院去看牙，成了小铁的一件乐事。有一次，家里人带他到郑州去玩。他记住预约看牙的时间，不时提醒我们一定在预约时间赶回来。赶回来，下了火车，他让妈妈带他立刻往医院赶，见到女医生就告诉人家："我看见黄河了，我吃到黄河大鲤鱼了！"女医生和他开玩笑："你怎么不给我带点吃呀？"他也笑着说："没法儿带呀！一上火车，鱼还不都臭了呀……"他们说得那么亲切，仿佛阔别重逢一样。

小铁爱用彩笔瞎画一些画。他画了一只拖着长长尾巴的小松鼠，上面写着妈妈教给他的几个字：送邵医生。

邵医生看了画，高兴极了，对他说："我得压在我的玻璃板底下。不过，你没写上你几岁。下次来，你把你的彩笔带来，再给我写上几岁小铁画，多好哇！"

小铁开始想着这件事。他盼望着下一次看病时间的到来。他带上他的彩笔。

牙，一颗颗，渐渐看好。他和邵医生的感情一天天加深。原来，他是那么怕去医院看牙，现在，他竟盼望去看牙了。几乎天天清早一爬起床，就听他嚷嚷："妈妈，今天看牙去呀！"他妈告诉他："不是今天！预约的时间还没到呢！"他便要急巴巴地问："哪天才到呀？"看牙，成了他生活中的一件大事。就像盼望着过节，盼望着去公园，盼望着早点儿上学……

别小瞧孩子！孩子的心是一块海绵，最善于吸收人间的温情……

🌸 好奇心伴孩子长大

大约六年前，我家买了一台电冰箱。在这之前，我们没有享受过这玩意儿。那时，我的儿子肖铁 4 岁，见到这庞然大物，很是好奇。冰箱外包装的纸箱尚未打开，他便磨着他妈妈非要打开看看里面是什么样，让他等一会儿都等不及。没有办法，我们只好剪断纸绳、卸下纸箱，苹果绿色的冰箱显露出来了，他用小手打开冰箱看了个仔细，仿佛是验收的质量检查员。然后问："怎么做冰激凌呢？"于是，我告诉他如何如何做。他不干，非要现场表演给他看看。没法子，又只好接通电源，冰箱里的灯亮了，他伸进小手，感到凉森森的，才好像明白了多大的道理一样高兴了。

孩子到底是孩子，没有好奇心的孩子是没有的。在孩子的眼中，世界挂满着一个个的问号，他随时可以发现一片"新大陆"。实际上，好奇心是孩子与世界交流、沟通的一把钥匙，是孩子学习、思想与心理发育的催化剂。做家长的应该爱护它，并有意识地引导它，而不要不经意地伤害它。

就说肖铁第一次拿圆珠笔写字吧，我把笔递给他，到屋外办件事，不一会工夫，再进屋一看，好家伙！桌上、床上全被圆珠笔油染得蓝一块、黑一块的。我挺生气，责问他："你这是在写字呀？你看看你！"他不说话，手里拿着从笔杆中拔出来的圆珠笔芯，小手被油染得脏脏的，蹭得身上也是斑斑点点。我便又指着笔芯问他："你写字就写字吧，把笔芯抽出来干什么？"他回答："我不知道里面是什么样子的，我想看看它怎么就能写出字来。"孩子说得挺有理，我有些自责刚才对儿子的发火。好奇心

固然常会使孩子做出意想不到的事，有时甚至会闯出祸来。但也正是好奇心使得孩子面前的世界变得生动而有朝气。做家长的一看到孩子闯祸就大声斥责，便会使孩子的好奇心受到挫伤，也便使孩子与他认为是那样新奇的世界拉开了距离。如果这样往返次数多了，好奇心枯萎，心与世界便会一同麻木迟钝起来。

我对孩子说："刚才对你发火是爸爸不好。你想抽出笔芯看看它是怎么写出字来的，这是你动脑筋。但是，许多东西并不是你小孩随便乱动的，比如电就有危险，你说是不是？你好奇，想知道，有的事可以问爸爸问妈妈！"孩子点点头。这说明他明白了，并不说明他记住了。

没过多久，我们出门，他一人在家。等我回到家一开门，他眼泪汪汪地站在那儿对我说："我今儿犯了错误啦！"我忙问："怎么啦？"他说："我把录音机弄坏了！"我一看，磁带绕带了。他从录音机里抽出来，又把磁带扯断了。我问清原因，原来他是一会儿按动这个键一会儿又按动那个键，录音机上所有能按动的键无一不被他染指。我对他讲："录音机上这些键，你不能像按钢琴的键盘一样。它哪儿受得了？本来是往前走的键，你刚按下，又马上按下倒退的键，磁带还没缓过劲来，还不缠带？让你往前猛跑时突然又让你向后猛跑，你受得了吗？"他知道错了，哭了起来。我劝他："哭什么呀！以后再听录音机时注意就行了！干什么事光有好奇心不行，还得多动动脑筋！"

孩子没有一个是"省油的灯"。不闯祸犯错的只能是机器人。孩子正是在这一次次好奇心驱使下的磕磕碰碰中长大的。如今肖铁10岁了。前些日子，他看到他养的一只龙虾突然凶恶起来，尾巴蜷缩着，上面有许多圆形的小球，便以为龙虾生了寄生虫病。但这一次，他不像以前那么莽撞，而是学会了动脑筋。他自己在这天日记中这样写道："我赶紧去查书，看书里是怎样写的。一看书上说：'龙虾夏秋季抱卵繁殖，卵数一般有 50 万～100 万枚。'现在正是夏秋季，它的尾巴上也有这么多小球，我想龙虾一定是产卵了。我很高兴，因为我就可以看到小龙虾怎么出生，又是怎样长大的了！"

看到这，我感到一阵欣慰，孩子伴着好奇心一天天长大了。

❀ 我和儿子一起学画画

上中学时，我各门功课都不错，唯独图画一般。但是，美术的魅力，一直令我神往。因此，当我有了孩子以后，我希望他能比我强，在他精神的天地里，有一角是用色彩与光线涂抹的美丽的画。

4 岁的时候，他用两个小圆组成了一只笨拙的小鸡，我夸奖了他，他便对画画格外感兴趣，于是常常磨着他妈妈和我教他画画。我们画画真不高明，起初画个小房子、小鸭子还能对付，以后渐渐捉襟见肘了，逼得我们要认真地学点画了。我买了许多画画的书，一边学，一边教，许多休息天或晚上，都是一家子头碰头，像蒜瓣一样挤在桌前画画。桌上，多了彩色水笔、蜡笔、油画笔、水彩和大小不一的水彩笔……门上、墙上，到处都贴着画。牛年画牛，虎年画虎，冬天画雪，春天画鸟，见到轮船画轮船，看了冰灯画冰灯，养了两只小鸡，不小心让他踩死一只，于是，他心疼地画上一只小鸡……画，不仅加深了孩子与大人之间的感情，也沟通了他与周围世界的感情。两年多的时间过去了，儿子的画有了进步，我惊异地发现我和他妈妈的画也有了进步，而且远远超过中学几年图画课的功夫！有趣的是，我们看到儿子的画有长进，高兴得很；儿子见我们的画也有长进，同样拍手

叫好。

今年春节，他在一位大姐姐那里学习画国画，画的是一头可爱的小毛驴，回到家来兴致勃勃地教我。在我的印象中，大写意的国画虽然淡淡几笔，却是极难掌握的。他呢，告诉我先用笔蘸上清水，勾上小毛驴的轮廓，然后再用浓墨画脑袋，用淡墨画身子和腿。别说，画完之后，还真像！浓墨落在洇有清水的宣纸上，四散的墨迹真像小驴的绒毛。"怎么样？爸爸，教我画国画吧！浓淡墨，多有意思！"谁教谁呢？看他那认真的样子！

从这以后，桌上又多了马头牌国画色、小白云、点梅画笔和宣纸、调色盘，以及齐白石、王雪涛的画册。每次到美术馆看画展，儿子都要说："我们一人看一幅画，要记住回来画，看谁画得好！"那劲头要和我比赛呢！说来也怪，和孩子在一起，我仿佛也变小了，国画画得正经有进步。我画的猫、鹰，他妈妈画的枇杷、山茶，还真像那么回事。星期天，我们一家三口画了三幅图画，他妈妈画了葡萄，我画了一只引吭高歌的公鸡，他画了一只小鸡正低头啄食。画完之后，对着画端详半天，然后又拿到奶奶那里去评评，手上沾着墨，嘴上淌着笑，仿佛干了一件大事！

我真没有想到，中学时画画不怎么样，现在居然学会了画国画！真是的：一个人，无论到什么时候，只要肯学，就没有学不会的东西。学习的老师，有时并不完全都是大人，孩子，哪怕是小孩子，也不能小瞧哩，照样可以当你的老师。不是吗？

　　　　　　　　1987～1992 年写于北京、上海、广州、大连

生 日

竟忘了给儿子过生日。

当然，可以找到理由。刚刚从刻骨铭心的长江三峡归来，匆匆地，马不停蹄又跑到了大连那绿色的棒棰岛……忙！忙得像陀螺团团转。就是在大连，那个细雨蒙蒙的夜晚，儿子度过他 11 岁的生日。

我是回家后从那烧成半截的彩色生日蜡烛中，方才恍然省悟的。竟然忘了！忘了儿子的生日！

我很内疚。

以往儿子的生日，都是我给他过。四五岁的生日时，我总是提前买些巧克力、泡泡糖、笔、书或者小玩具一堆零零碎碎，分别藏在房间的枕头下、被褥里、书柜间、沙发垫后……然后让他来找。在幽幽的生日烛光下，每找到一件东西，他都会高兴地叫起来。那是他童年的童话，神奇之中会觉得那些生日礼物最富有色彩。

去年，他 10 岁。生日前，他对我说："爸爸，再像以前一样给我藏一次生日礼物吧！"这话说得我心里打起一个热浪头。我忽然觉得儿子长大了。长大了，依然需要一个童话。生日，不仅仅为了纪念，更是一个迷人的憧憬……

可今年，我却忘记了给儿子过生日。

今年，说什么也得送儿子一件什么生日礼物。虽然晚了，也要补上。我知道有些事仅靠弥补是无济于事的，女娲补天只是神话。但我还是好几次问儿子："肖铁，你需要什么吗？"儿子只是摇摇头。

儿子并没有责备我，知道穷忙一直是爸爸的命运，风一样漂泊天涯一直是爸爸的行踪。我却常常惦记着这件事。做父亲的就要关心儿子的事。一个人做父亲都做不好，很难做好其他角色。一个人对儿子的事都淡忘或漠不关心，便很难真诚而全身心地爱或帮助他人。

我忽然想起巴乌斯托夫斯基写的《一篮枞果》。挪威作曲家格里格在卑根的森林中遇到守林人 8 岁的小女儿达格妮，答应小姑娘十年后一定送她一件生日礼物。格里格遵守了自己的诺言。达格妮 18 岁的时候，来到奥斯陆，去听音乐会。这是她有生以来第一次听交响乐，格外新奇。令她更加惊异和喜悦的是报幕人竟然宣布下个节目是："格里格的作品——'献给守林人的女儿达格妮，当她年满 18 岁的时候。'"

格里格没有忘记送给她生日礼物。格里格送给她一件多么有意义的、无与伦比的生日礼物！

我送给肖铁什么生日礼物呢？

星期六，难得的下午空闲时光，难得的秋老虎的燥热流火。正巧，一位朋友陪我到东四隆福大厦。我讲起该送儿子生日礼物弥补一下我的闪失。朋友说，自然，要送让儿子惊奇一下的，就像格里格送给守林人女儿的生日礼物一样。可惜，我没有格里格的本领，让那七个音符宛如神奇的小精灵一样超越时空飞腾。

忽然想到快要开学了，而且儿子爱好积攒各式各样的笔，便来到文具柜台前，挑选了四种不同型号、不同造型的自动铅笔。当售货小姐把笔递在我手中，我心里突然涌出一股说不清的滋味。我不知道这礼物如何，儿子是否喜欢？毕竟已经晚了，时过境迁了！

没想到肖铁那样高兴。

这一天，他在日记里这样写道："虽然我已经有许多自动铅笔，但我还是很高兴。怪不得爸爸这两天总问我要什么东西呢！我的生日已经过去好几天，今天接到爸爸的礼物，我好像重过了一次生日。"

与其说得到一丝安慰，不如说我感到了更深的自责……

1990 年 8 月 26 日夜于北京

儿子买书

春节逛龙潭庙会，儿子不要我相跟，独自一人闯荡江湖一般，揣上我给他的三十元，大步流星而去。归家时，他没有买任何年货，只抱回三本书来：一本《战国策》，两本《韩非子全译》，花了二十九元五角，所剩无几。

开学第一天，他把众人给他的三百余元压岁钱全部带在身上，放学后径直奔向东单路口的新华书店，倾囊而出，花了二百九十元，抱回家一套三册《二十六史大辞典》来。

我不敢小瞧他。虽然，他只上初二。他再不去买蔡志忠的漫画，也再不去买沈石溪的动物小说。他要啃这些原装大部头，独钟这些出土文物。

儿子买书，看出儿子长大了，像日子一样无可奈何长大了。

我发现每星期六下午，他都要去书店买书，骑上自行车，先花市后东单然后灯市口，一路所有书店均已被他染指，几乎"贼不走空"一般，每次都要抱回几本厚书归家。这成了他每个周末的保留节目。

他的书费是从自己午餐饭钱中节省下来的。我很担心他吃得不好而闹坏身体，说他买书可以，饭要吃好，钱不够再给，买书总是好事，比买乱七八糟的东西强。于是，我让他实报实销，他买书有恃无恐，买得更来情绪了。

每次买来书，他都喊便宜，然后翻开版权页给我算明细账，你看一个印张才三毛钱、才四毛钱，现在有这么便宜的书吗？

喊完便宜之后，他又悲天悯人般感慨：这些书都是好几年前印的，像《古文名段今译》是1987年印的，《古文鉴赏辞典》也是1987年印的，所以才便宜，却躺在书架上七年光景没人买！"古人说：松声、涧声、琴声、鹤声……皆声之至清者，而读书声为最。现在，哪里还听得到读书声？满街的叫骂声，使人迷；满街的武侠兵剑声，使人猛；满街的娘娘声，使人欲望增加；唯有读书声，被人忘却！"这是他的日记，一副愤世嫉俗，万般皆下品，唯有读书高的清高与自傲。

于是，每次买书的劲头愈发高涨，仿佛买到便宜货，捡到了宝贝蛋。

儿子买的书，让我感到欣慰。世风跌落之际，物欲横泛之时，花花世界琳琅满目之中，他选择买书，正是我期待的。因为我能给予他的没有任何后门、关系乃至权势，唯有书。纵使时下书成为无用的代名词，我依然希望他爱书。

儿子买的书，是他的，也是我的万贯家私。

儿子买书，占有欲极强。他恨不得把所有的书都买回家。我说你这样贪多嚼不烂，你买这么些书都看吗？他反驳我：你买的书都看了吗？我说买书不如借书，借书不如抄书，真是不假，要不都成了装饰了。他反驳我：还是买书好，现在不看以后可以看，方便；而且以后只会书价更加上涨，现在买便宜；看现在尽出什么言情武打童话纪实一类的书，这类古书没准以后越出越少，难找呢……

他继续买书。书柜不够用了，只好请出以前摆放的白雪公主和七个小矮人之类的工艺品，让童话让位于他的古董；书竖着插不进去了，便把书横躺在书背上或放进箱子里。那里有他越来越多的兵马。

他说：如果我是百万富翁就好了，用不着百万，几十万也行，我一定把所有的书都买齐！

儿子买书，充满着男人的野心！

儿子买书，特别愿意我去相陪，就像以前陪他去游乐场、去麦当劳、去游泳池。

有我相陪，他可以随便挑、随便买，而钱由我来付，他不必操心口袋里钱不够，而随心所欲。

有我相陪，他气粗胆壮向服务员要这本或那本，再不用受气。独自一人来时，常有人瞧不起，一怕他读不懂，二怕他没有钱。

有我相陪，他可以一显他挑书的手艺和眼光，他的后背和他手中的书，都落有我的目光，他便像演员登台有了观众而自得其乐。

有我相陪，他像个大人，又还像个孩子。两者之间的跳跃，我和他在书架间目光相撞，心心沟通。

我对他说下周六我陪你去琉璃厂的中国书店，那里古书最多。他高兴得要命，一开始盘算买什么书，二嘱咐我多带点钱！

儿子买书，有我相陪，成了他的，也成了我的节目。

儿子买书，常对我口出狂言："你应该看看我买的这些书。我觉得你光看你买的那些书没什么太大的价值！"

他又时常用命令或用乞求的口吻对我和他妈妈说："我上学

后你们看看我买的书，要不咱们没有共同语言！再说，你们时间比我多，替我挑好的篇章推荐我看，可以省我一些时间！"

儿子买书，像买回令箭，指挥着一家人围着他的书团团转。

儿子买书，逼着我和他一起长学问。

儿子买书，儿子在书中，我也在书中。

1994 年 3 月 16 日于北京

家的含义

怎么能怪儿子呢？虽然，他一落生就在家里，生活了 12 个年头。他还是个孩子，还小，还不懂得家的含义。

年轻时信奉四海为家，于是在日记本上写下"天涯何处无芳草"那诱惑人心的火辣辣的诗句，便真的去浪迹天涯而把年老的父母孤零零地抛在家中。家，仅仅成为填写各种履历表格中的一个符号。

闯荡三年之后，自以为见多识广，男子汉般带着北大荒莽莽风尘第一次归家探亲，尚未进家门，远远撞进眼帘里的第一印象是那门帘，竟是用旧褥单剪拼成的。夏日的热风轻轻吹拂着它，像是小孩子的一块襁褓布在摇晃。我的心立刻猫咬一般难受。三年来，很少给家里寄钱，却不断写信向家里要东西。冬天缺围巾、手套了，夏天缺雨靴、蚊帐了……都是爸爸妈妈省吃俭用节省下钱，跑到商店买来，再跑到邮局寄来。他们从不托人家带给我，说是路远无轻载，怕给人家添麻烦。他们都只靠爸爸可怜巴巴几十元退休金过日子呀！

那门帘，我怎么也忘不了，总在眼前飘。第一次，我感到内疚。我愧对这个家，算什么男子汉！我像是只鸟儿，在家里待倦了，便飞到外面自由自在去了；我像是条蚂蟥。在外面还不住吮吸着父母身上的血。

阔别重逢，爸爸妈妈早盼着这一天。他们从箱子里拿出一纸鞋盒，里面盛着花生、瓜子。那年月，物品奇缺，每逢过春节时每人才供应二两瓜子、半斤花生。我知道这是他们最大的心意，是为我接风洗尘最好的东西了。他们一直舍不得吃，一直留着等我回家，搁的时间太久，又过了伏天，每一粒瓜子和花生都已经发霉了。我咬了几粒，苦涩的味道直钻鼻子。可是，我还是把它们吃进肚里。瓜子不大是人心，那一刻，我才真正体味到中国这句老话的内涵。

家，父母给予儿女的永远是无私而不求任何回报。儿女呢？却总是无端地把家当成累赘，尤其是像我的父母年老多病，又没什么荣耀。我的脆薄的虚荣心，在这一盒瓜子、花生面前，真是无地自容。那时，我想调回北京，守在家中以尽儿子之孝，却无法如当年自愿报名插队时迁户口一样容易而爽快了。

我只好又离开家。爸爸妈妈送我，一直送到大门口。我走了老远，回头一看，他们还在那里站着，向我挥着手。暮色中，风吹动着他们花白的头发，我才第一次意识到他们老态龙钟了，而我却不能守在家中侍候他们，反倒仍让他们替我操心，眼泪禁不住酸楚地涌上来。

很久，很久，我总想起儿时抄的孟郊的一首诗："萱草生堂阶，游子行天涯。慈亲倚堂门，不见萱草花。"儿时不懂得这首诗，现在才明白母亲送儿子时为什么望不见近在咫尺的阶前脚旁的萱草花，她老人家的心和眼睛都是被不孝的儿子牵走了呀！

这首诗恰恰是父亲让我抄写的。莫非他那时便有先见之明，预测到这样一个混沌的未来？

又两年过后，父亲打太极拳时突然脑溢血魂归九泉。我被照

顾从北大荒调回北京。我知道这一页户口，是用父亲一条命换来的。这是他老人家一生中最后一次为我出力为我操心了。家，我才真正感受到如此血脉相连。我发誓一定要好好照顾老母亲，让她老人家过一个幸福的晚年，弥补我以往的种种闪失。

那一年夏天，新荔枝刚刚上市，水灵灵的，透着清香。北京见到南国这样新鲜水果并不那么容易。时令一过，短短几日满京城便再也买不到它了。我兜里的钱虽然不多，咬咬牙，还是掏好几元钱买上一斤荔枝。说实话，长那么大，我那时还从来没吃过荔枝呢。妈妈也是一样，我要让老人家欢喜一下，尝尝鲜！

回到家，桌上放着一盘沙果，都是长着疤，或烂了皮的，被挖去疤、削掉皮，洗得干干净净。不用说，是妈妈买的处理水果。老人家就是这样居家过日子的，她不怕别人笑话，不怕委屈自己肚子，只想省几个钱让儿子的手头宽绰些。因为我还没有结婚，她总觉得我要用钱的地方多着。

我一把抓起好几个沙果塞进嘴里，连声说真好吃，又忙问多少钱一斤？然后不住口称赞真便宜。其实，妈妈知道都是我在安慰她而已，但这样拙劣的把戏每次依然让老人家高兴。说罢，我从包中掏出那一斤荔枝。那是那一年我买的最昂贵的东西了，我为我的壮举感到兴奋，心想妈妈一定也高兴的。谁知她见到荔枝立刻眼泪汪汪起来，用一双经络突兀的大手不停抚摸着荔枝，半天咽不进一颗。

"你爸爸临死之前在街上见卖荔枝的，琢磨半天，也没舍得买。临死，他也没能吃上这一口……"

那一晚，我和妈妈谁也没吃得下这荔枝。

岁月飞逝，似水流年。我结了婚，儿子已快12岁，母亲却已经离开我们快两年。两年前，母亲去世前是夏天，正赶上荔枝上市的时候。我买了好多新鲜的荔枝，皮薄核小，鲜红的皮一剥开，白中泛青的肉蒙着一层细细的水珠，让人看着就爱吃。我唯一感到慰藉的是母亲临终前一天能吃到这水灵灵的荔枝。这是老人家最爱吃的水果。

谁知，事过很久，儿子才告诉我奶奶临终前一直没舍得吃荔枝，都给了她最心爱的小孙子吃了。

我不知说什么好，也不知怎么办好；一时间，我想起那年第一次探家时爸爸妈妈为我攒下的发霉的瓜子和花生；也想起那年我第一次买荔枝母亲落下的眼泪……家，正是有了父母血汗的滋养，才如一株树长大而枝繁叶茂。当儿女懂得家的含义时，往往是自己为人父母的时候，往往是爸爸妈妈垂垂老矣或不在人世的时候。我不能责怪我的儿子，因为我比他大许多时还像他一样不懂事。我只是真心希望他懂得并珍重家的含义，不要如我一样付出全部青春这样昂贵的代价。

第二年荔枝又上市时，我让儿子拣些最大、最好的荔枝，供奉在爷爷奶奶的遗像前。

1991 年春节前夕于北京

那时候和这时候

——与儿子的对话

一

○ 爸爸，您总说我现在学习没有您上中学那时候刻苦！

△ 还怨我说你吗？那时候，我……

○ 知道！那时候您学习刻苦，每月两元钱买公共汽车月票都舍不得，总是省下来买书看，自己走着上学。那时候家里没有录音机、电视机，甚至连一台破无线电收音机都没有，您就夜里听隔壁邻居家的收音机，听着听着，生怕人家关上收音机……这话，我听了不知多少遍了！

△ 难道我说得不对吗？那时候条件艰苦，逼得你要发愤，要刻苦。现在条件好了，就容易松弛，不愿意刻苦学习。

○ 现在有录音机、电视机，甚至还有录像机、电子计算机。科学发展了，必然会促进教育，您推崇的悬梁刺股、凿壁囊萤之类便显得有局限性了。

△ 应该说，到什么时候刻苦还是需要的，科学再发达，电脑代替不了人脑。刻苦是一种精神。我们上中学那时候，理想和这种精神交织在一起，显得要扎实一些。后来，神化的理想破灭

了，但刻苦的精神却依然像蜕掉外壳的躯体、飘落叶子的树干一样存在。这应该说是我们那时候的教育留给我们的财富。

○ 我很羡慕你们有那种精神。但是，既充分利用现代化的科学条件，又发扬刻苦的精神，不是更好吗？干吗非要把学习弄成一件苦差事呢？

△ 学习本身是要付出血汗的；科学，也需要付出血汗。前辈人发展、创造了科学，付出了血汗；后辈人继承它，也不会像躺在树下吃果子那样舒服，还是需要付出血汗的。

二

△ 前几年，你还小，有一次我带你到一个朋友家去玩，人家请你吃饭，你嫌人家的碗脏，硬是没吃。这事你还记得吧？我批评了你。

○ 记得。

△ 那时候，我们要单纯得多，道德和感情是大讲的，当然，前面都要冠上"无产阶级"四个字。我倒觉得，不管什么阶级，不管什么年代，道德和感情都是需要的，它们是区别人类与动物的重要内容。正是受着这种道德和感情的教育，那时候我们决不会像这时候见人落水而不去救，还要在岸上讲价钱。我上高三那时候，虽然马上要高考了，大热天的还在桥塊下帮过往的拉车人推车上坡，和时传祥一起背粪桶淘粪。这种教育培养了我们对人民的感情，使我们时时不忘人民。可以说，这种感情一直延续到现在。一次，我到一位朋友家串门，他家孩子多，生活不富裕，拿出桃请我吃，但又怕我像你一样嫌脏不肯吃。我吃了，他很高兴。

○ 您不觉得这里有虚伪的因素吗？明明是脏，为什么还要吃

呢？脏就是脏，用不着掩饰，装作没看见，难道这就是您那时候的人民感情和道德？

△ 不！这不是掩饰，确实是一种潜在感情的自然流露。我绝不是装作无所谓的样子去博得人家的好感，这确实是一种感情的交流。现在，人变得越来越讲究实惠了，面对这种社会现象，教育显得无能为力。记得前几年教书，有个学生问我工资多少后对我说："老师，您凑合着活着吧！"我感到很悲哀。我们那时候决不会对老师说这种"知心"话。人真是变得复杂了。

○ 这时候的复杂比起您那时候的单纯是好，还是不好呢？我觉得是一种进步。您说呢？

△ 当然，复杂比起单纯是一种进步，如同多细胞生物的出现，相对于单细胞来讲，是生命的进化一样。但是，人类的这种进步是不是一定要以道德、感情的失落作为代价呢？

○ 您所讲的道德沦丧，说明您那时候教育有着虚伪的、压抑人性的一面，因而这时候来个物极必反。随着物质文明的发达，这种道德沦丧会逐步被克服，它只是物质不发达的过渡阶段的必然现象。

△ 你说得有道理。不过，我还是极重视人与人之间的道德与感情。"老三届"、"老插"之间就是感情真挚，绝没有现在人们之间的互相利用的你来我往关系。遗憾的是这种感情（或者说人情味）在现实生活中越来越淡薄了。

○ 这我承认。人之间的关系变成等价交换，是物质对精神的挤压。但是，你们那一代太重视人情，而忽视了人之间的契约。现代社会更重视契约。加重人情的依附，才使得今天走后门、裙带风之类盛行。说到底，你们所崇尚的那时候的人情有其田园式美好的一面，也有着无法否认的带封建色彩的一面。

△ 这帽子太大点儿了吧?

○ 不大不小正合适!

三

△ 那时候,我们把许多东西视为神圣和权威。现在,似乎没有了什么神圣和权威。无疑,这是一种进步。很难想象,那时候我能像你,才上小学一年级就可以举手给老师提意见,动不动就和我辩论。

○ 我看过您写的一篇小说《中学时代》,讲两代中学生对参加国庆仪仗队的不同理解和认识。您那时候认为能够参加仪仗队路过天安门是一种光荣,而现在的中学生认为这纯粹是形式。国家这么穷,不如拿这笔钱干些实际的事。价值观念不同了。我很理解您的苦恼。

△ 是的,那时候总有神圣的东西在向你呼唤。虽然,现在看来有的是有些虚无缥缈。人总要上帝,没有便要造出一个来。

○ 如果说需要上帝,这个上帝就是人自己。你们那时候造的上帝像是雪人,才经不起时间的考验。

△ 当然,那时候的理想教育有其神化的一面。现在,打开窗口,年轻人羡慕外国人的现代化生活,却又缺乏实干的精神,更缺乏为下一代造福的牺牲精神,这我是很担忧的。

○ 爸爸,您说得不对!值得担忧的不是我们年轻人,而是你们或比你们更长一辈的老人。社会尤其是党内的不正之风,严重损伤了年轻人的积极性,使人们看到社会腐败的一面。您却主张理想的神圣,不正说明您那时候的理想教育根基不牢吗?

△ 你说得有道理。理想的翅膀有两只才能扇动飞翔。一是对现实的关注,一是对未来的关注。

○ 失去了现在，也就没有了未来。

△ 没有未来，现在很可能庸庸碌碌。

○ 您活在您那时候的"过去时"和未来的"未来时"中，但您还活在现在"进行时"中。所以，您这一代心中才更痛苦，更矛盾。我们考虑过去也考虑未来，但更是生活在现在之中，便更注重的是现在，因此我们不会有您那样多的痛苦和矛盾。这是时代的选择，也是教育的选择。

△ 探讨那时候的教育与这时候的教育，真是个十分复杂的课题。它像是两条河水交流在一起，长短交织在一起。

○ 您这是折中！

△ 我希望在研究过去"那时候"的教育时，不要像洗澡时把孩子连同脏水一同泼掉，这提法你能同意吧？

○ 那当然！

媒体及教育系统对本书的推荐阅读名单

（排名不分先后）

当代著名教育改革家，全国中青年有突出贡献的专家，首届中国十大杰出青年、原辽宁省盘锦市教育局党委书记、局长、全国第十三到十七届人大代表　　　　　　　　　　　　魏书生

中国青少年研究中心副主任、研究员，国务院有突出贡献的专家、中国作家协会全国委员会委员兼儿童文学委员会委员，《少年儿童研究》杂志总编辑　　　　　　　　　　　孙云晓

首都师范大学语文报刊社社长、全国中语会副会长、博士、首都师范大学哲学硕士导师、教授　　　　　　　　陈　鹏

杭州市拱宸桥小学教育集团理事长兼拱宸桥小学校长、特级教师、国家级学科带头人、全国五一劳动奖章获得者、浙江省小语会副会长、杭州市小语会会长　　　　　　　王崧舟

南京师范大学附中特级教师、苏教版初中语文主要编委、杂文家　　　　　　　　　　　　　　　　　　　　　王栋生

山东师范大学副校长、文学硕士研究生导师、山东省政协委员、研究员　　　　　　　　　　　　　　　　　　王少华

首都师范大学附属中学语文高级教师、北京市语文学科带头人、首届"语通杯"全国教改新星、全国哲学社会科学"十五"规划国家级子课题"素质教育与语文创新阅读写作研究"项目负责人、全国教育科学"十一五"教育部规划课题子课题（《现代文阅读教学实效性的教学策略研究》）项目负责人　　刘　明

曲阜师范大学文学院硕士生导师、教授、国际文化交流学院副院长、山东省语言学会理事、"山东省高校巾帼建功标兵"　唐雪凝

山东省诸城市教育局党委书记、局长；全国中学语文教学专业委员会理事、全国青年语文教师研究中心副理事长、曾荣获"中国

潜力校长"、特级教师   李庆平

北京市文汇中学书记兼校长   王桃桃

齐鲁师范学院文学院教授、文化与传播教研室主任、山东师范大
学硕士生导师、山东省教学名师   吴冰沁

全国中语会理事、山东省教学研究室中学语文教研员，山东省教
育学会常务理事、山东省中语会副会长兼秘书长、特级教师 鲁教
版语文教材主编   厉复东

山东师范大学附中校长、齐鲁名校长、特级教师、山东省劳动
模范   于树增

北京市中关村中学党委书记兼校长、"全国三八红旗手"、"首都巾
帼十杰"、"北京市三八红旗手"、"北京市杰出校长"   邢筱萍

重庆九龙坡区第一实验小学校长、享受国务院特殊津贴专家、全
国优秀教师、全国小学十佳卓越校长，全国"科技之星"优秀工
作者、国家教育基层质量管理决策专家委员、特级教师

                                                     陈光培

西南大学附属小学校长、重庆十佳校长、全国科研型教师、特级
教师   唐炳琼

北京市牛栏山一中语文特级教师 、全国中语会理事、北京市学科
带头人、骨干教师、北京版高中《语文》教材编写组成员，北京
市杂文学会理事、全国优秀教师   刘德水

北京市教育学院丰台分院中学语文特级教师、中考命题专家、区
特级教师工作室导师   董华林

山东省青州市劳动模范、教育局副局长、原青州八中校长、语文
高级教师、市级骨干教师   刘恩群

全国中语会常务理事、新疆自治区中语会秘书长、新疆自治区教
育厅教研室   王耀芳

全国中语会常务理事、山西省中语会理事长、特级教师、山西省
教研室   张春莲

著名语言教育专家、山东省教育电视台研究员、国家级普通话测

试员　　　　　　　　　　　　　　　　　　　　　　　　　韩少华
山东寿光现代中学校长、省级教学能手、高级教师　　　魏华中
山东莱阳九中校长、齐鲁名校长、高级教师　　　　　　赵胜军
山东省中语会副理事长、高级教师、青岛市教研室副主任
　　　　　　　　　　　　　　　　　　　　　　　　　　逄淑萍
山东省中语会常务理事、省级教学能手、青岛市高中语文教研员
　　　　　　　　　　　　　　　　　　　　　　　　　　周宏锐
山东省中语会常务理事、省级教学能手、济南市教研室
　　　　　　　　　　　　　　　　　　　　　　　　　　万福成
山东省中语会副理事长、特级教师、菏泽市教研室主任
　　　　　　　　　　　　　　　　　　　　　　　　　　韩建华
山东省特级教师、中学正高级教师、滨州市教研室副主任
　　　　　　　　　　　　　　　　　　　　　　　　　　时寅敦
山东省中语会常务理事、高级教师、烟台市教科院　　　杨振贤
山东省特级教师、中学正高级教师、淄博市教研室　　　王玉强
广东省中语会副理事长、特级教师、广东省教研室　　　王土荣
山东省中语会常务理事、高级教师、威海市教科研中心
　　　　　　　　　　　　　　　　　　　　　　　　　　位世英
山东省中语会常务理事、特级教师、济宁市教学研究室
　　　　　　　　　　　　　　　　　　　　　　　　　　张西玖
山东省中语会常务理事、省级教学能手、泰安市教研室
　　　　　　　　　　　　　　　　　　　　　　　　　　侯成宾
山东省中语会常务理事、特级教师、潍坊市教科院　　　杜殿收
山东省中语会常务理事、省级教学能手、枣庄市教研室
　　　　　　　　　　　　　　　　　　　　　　　　　　李冠锷
山东省中语会常务理事、省级教学能手、莱芜市教研室
　　　　　　　　　　　　　　　　　　　　　　　　　　杨安宝
山东省中语会常务理事、高级教师、日照市教研室　　　李祥良
山东省中语会常务理事、高级教师、东营市教研室　　　徐国亮

山东省中语会常务理事、高级教师、临沂市教科研中心

朱成广

山东省中语会常务理事、高级教师、聊城市教研室　丁宏杰

山东省中语会常务理事、高级教师、德州市教研室　张敬军

山东省中语会常务理事、高级教师、淄博市教研室　陈鲁峰

山东省特级教师、临沂二中　周梅然

山东省特级教师、青岛十九中　厉承贵

山东省特级教师、宁阳一中　刘胜利

山东省特级教师、东平县东平湖高级中学　吴绪磊

山东省特级教师、中学正高级教师、阳信一中　董宝礼

山东省特级教师、山东省实验中学　刘　敏

全国模范教师、山东省特级教师、中学正高级教师、临沂十八中

段淑君

山东省特级教师、省优秀教师、临沂三中　张萌苗

河南师范大学附中特级教师　周枫林

山东潍坊一中校长、齐鲁名校长　于允锋

山东临沂二十中学校长、齐鲁名校长、特级教师　姜怀顺

山东省诸城市实验中学副校长 、高级语文教师　魏山金

山东省诸城市实验中学语文教师、潍坊市教学能手、全国优秀语
文教师　秦　涛

北京大兴区教师进修学校教研员、高级语文教师、市级骨干教
师、学科带头人　周平安

北京四中高中优秀、高级语文教师　连中国

复旦大学附中特级教师　黄荣华

北京市顺义区教育考试研究中心小语教研员、北京市骨干教师、
学科带头人　孔凡艳

山东省淄博市教学研究室教研员、教育科学研究所副所长、语文
高级教师　魏耕祥

曲阜师范大学附中副校长、山东省"跨世纪园丁工程计划人才、

特级教师　　　　　　　　　　　　　　　　　　　王友才
山东省济南中学副校长、全国优秀教师　　　　　　王泽潭
上海市第二中学高级语文教师　　　　　　　　　　吕增耀
江西师范大学附中校长　　　　　　　　　　　　　汤赛南
华北油田供应处中学高级教师、全国优秀教师　　　李凤平
北京市大兴第三中学语文教师　　　　　　　　　　吴瑞霞
安徽师范大学附中校长　　　　　　　　　　　　　凌光明
山西省临汾市教研室主任、特级教师　　　　　　　张苏华
山西省实验中学教导处主任、特级教师　　　　　　樊玉仙
山东省日照开发区中学校长、特级教师　　　　　　张作民
山东省文登市第二实验小学校长、齐鲁名师　　　　邢毅丽
呼和浩特市第一中学校语文特级教师、国家级中小学骨干教师、
内蒙古自治区骨干教师培训班主讲教师、呼市语文学会常务理
事、市级语文学科带头人　　　　　　　　　　　　张明星
河北隆化董存瑞中学校长　　　　　　　　　　　　孟颜军
山东省潍坊市广文中学校长、齐鲁名校长　　　　　赵桂霞
山东省潍坊市广文中学特级教师、全国十大杰出母亲　刘湘玉
山西省太原市第五中学特级教师　　　　　　　　　郭蕴璧
江西省南昌市第十七中学特级教师　　　　　　　　王道信
山东省青岛市平度实验中学校长、齐鲁名校长　　　崔　仁
江苏省泰州市第二附中语文高级老师、省教育科研课题组副组长
　　　　　　　　　　　　　　　　　　　　　　　汤文彬
内蒙古通辽市开发区教导主任、中学语文高级教师　肖桂兰
内蒙古通辽市开发区教研室教研员、高级教师　　　李秀环
海南省海口市实验中学校长、全国优秀教师、海南省骨干教师、
学科带头人　　　　　　　　　　　　　　　　　　林茵茵
海南省琼海市博鳌中学校长　　　　　　　　　　　李　飞
海南省琼海市华侨中学校长　　　　　　　　　　　吴李平